走读宁波

走读宁波

宁波市文化旅游研究院 编

孙武军 赵淑萍 著

宁波出版社
NINGBO PUBLISHING HOUSE

本书编委会

主　编　　葛丽娜

副主编　　徐晓莹

编　委　　杨燚锋　　周东旭

目　录

第一章　神鸟之乡 ·先秦

舟载城史话春秋 003

海贝多彩稻谷香 008

于越城边枫叶高 014

第二章　东海福地 ·秦汉至六朝

仙山可在海东头 021

人间何处有严陵 026

芳名百世留青史 030

簪缨世家多才俊 036

青山万叠总迎人 041

佛现紫金归胜地 046

蛱蝶双飞绕青山 050

第三章　河海交汇 ·隋唐五代

九秋风露越窑开 057

风光盛绝古明州 062

海船齐趁暮潮来 067

好句真传雪窦风 071

第四章　人文其昌 ·两宋

不畏浮云遮望眼 079

平湖拍岸海潮通 085

谁把江湖付此翁 090

青山捧出梵王宫 096

个中好处不容参 103

城外千帆海舶风 111

第五章　海定波宁 ·元明

海丝遗珍说当年 ················· 119
吾心自有光明月 ················· 126
万轴牙签发古香 ················· 131
月在中天云在山 ················· 137
十年驱驰海色寒 ················· 143

第六章　风劲潮急 ·清代

义帜纵横二十年 ················· 149
依然不废我弦歌 ················· 154
蓦地清风吹别谱 ················· 159
早把严城锁钥开 ················· 164
终共鲲鹏变化游 ················· 170
西学东渐开风气 ················· 176

第七章　拂晓问舟 ·民国

街衢遍处白旗悬	185
鸥群浩荡飞江表	190
灵桥东锁去波迟	196
妙手恐是松雪翁	202
星光映着杭州湾	208

第八章　东方大港 ·当代

东方大港梦成真	217
我有一颗赤子心	223
呦呦鹿鸣响天地	229
石浦渔舟出海惊	233
爱看秋花艳满山	239
心知海若舞冯夷	244
三江相汇五洲通	249

先秦

第一章

神鸟之乡

| 山海典藏 |

舟载城史话春秋

要了解一座城市的历史人文,去博物馆!要寻找一个城市的根脉,去博物馆!

宁波博物馆,为国家一级博物馆,是首位中国籍"普利兹克建筑奖"得主王澍"新乡土主义"风格的代表作,总建筑面积3万平方米,主体建筑长144米,宽65米,高24米。从外观造型到内部空间,将宁波地域文化特征、传统建筑元素与现代建筑形式及工艺融为一体,凝重而不失灵动,沧桑中又有现代气息。上百万片明清砖瓦砌成的瓦片墙,体现出浓郁的江南特色。第一层为主体,两层以上建筑开裂,微微倾斜,演变成抽象的山体,加上场馆北部的水域,整个建筑像一艘上岸的船。可谓"仰视如山,俯视如船,远看似墙,近视如房"。整个博物馆的建筑形态以山水、海洋为设计理念,提取了宁波城市的地理特征。宁波,自古就是"经原纬隰,枕山臂江"。其地处东海之滨,居全国大陆海岸线中段,三面环山,北部和中部为宁绍平原的一部分,姚江、奉化江和甬江流贯其中。

宁波博物馆

　　那么就让我们踏上这艘泊在岸上的大"船",去探秘宁波的前世今生。"东方神舟——宁波史迹陈列"让我们追溯历史,聚焦当下。

　　8000多年前,在东海边的井头山,人们以海洋捕捞为业。一柄完整精致的木桨,划向史前的岁月。井头山遗址的东边,是田螺山遗址,南边则是河姆渡遗址和连绵起伏的四明山。遗址除陶器、木器、骨器及异常丰富的海洋贝壳和划船航海、捕鱼工具外,还有反映早期稻作农业的遗存。而7000多年前,河姆渡锐利的骨哨再次划破了土地的宁静。干栏式建筑,打磨精致的石器、木器、陶器、骨器……那"双鸟异日"纹象牙蝶形器,传递了人们对太阳和飞鸟的崇拜。大面积的水稻遗存的发现,震惊了世界。从而,一锤定音:中国是最早种植水稻的国家,长江流域是中华文明的又一摇篮。

第一章

神鸟之乡·先秦

　　宁波先民的拓殖开发,经历了漫长曲折、渐进和突进交织的历史进程。秦汉以至唐开元二十六年(738年)明州建州之前,今宁波、绍兴之地域同属会稽郡。而唐代明州建州之后,宁波跨入了实质性的开发阶段。9世纪以来,明州商船穿梭往来于高丽和日本,成为国际贸易的佼佼者,而且作为海上丝绸之路的主要始发港,明州港输出的各色陶瓷、丝织品,散播于世界各地,对各国人民的物质生活产生了深远的影响。两宋时期,是宁波历史上一个重大的节点。人口快速增长,生产力提高,精耕细作,以求达到人地均衡。海外贸易空前发展,文化明显改观。北宋"庆历五先生"开浙东学术之草昧,后宁波文化别开生面,学者辈出。元明时期宁波区域的生存环境面临严峻挑战,不少人背井离乡,四出营生,南来北往,打破了封闭的格局。海禁政策对宁波影响尤大,一下子把宁波推向海防前哨。文化上,阳明心学异军突起。清代是宁波向近代历史演进的重要历史阶段。清初,宁波是抗清时间最长的地区之一。张苍水浴血奋战,舍生取义,朱舜水、沈光文等

宁波博物馆内展陈

颠沛流离，心系故土。在血与火的洗礼中，宁波受到重创。直至康熙以后，宁波社会才基本稳定下来。康熙帝废止禁海的规定后，宁波港又逐渐发展起来。黄宗羲创立了浙东学派，《明夷待访录》中的民主思想更是振聋发聩。"工商皆本"的思想对后来宁波帮的崛起具有启蒙的作用。进入近代，宁波港被开辟为"五口通商"的口岸之一，虽然被动开放，但能审时度势，打破封

第一章
神鸟之乡·先秦

闭,主动与国际接轨,走上了近代化的道路。民国时期,宁波和全国一样,逐步尝试由半殖民地半封建社会向近代化社会形态转型、过渡。这个过程中,宁波人民显示出反帝反封建的英勇的战斗精神。中国共产党率领的浙东抗日根据地,是全国19个抗日根据地之一,为浙江和全国的抗战做出了重要贡献。

在宁波博物馆内,不仅有史迹陈列,还有丰富的实物藏品,囊括了史前河姆渡文化至近代以来的奇珍异宝。越窑青瓷如冰似玉,竹刻艺术清逸脱俗,还有青铜器、玉器、书画、金银器等文物6万余件。而"'阿拉'老宁波——宁波民俗风物展"更是凝聚着一代又一代宁波人的情感记忆、审美寄托和价值寻求。那十里红妆的绵延浩荡、铺排宏大,千工床、万工轿的精雕细镂,那岁时节令的独特风俗,那老字号的深厚底蕴,那舌尖上的老味道,都是乡愁所在。

这艘满载着岁月印痕的船,还将驶在传承、改革、创新的路上。"三江相汇五洲通",未来的岁月,将更加辉煌绚丽!

| 远古文明 |

海贝多彩稻谷香

　　井头山遗址的发现，石破天惊。

　　她将宁波地区人文历史在河姆渡文化基础上往前推进了1000多年。

　　井头山遗址位于余姚三七市镇井头山南麓，经过碳-14测年，确定距今8000多年，是迄今为止中国东南沿海地区埋藏最深、年代最早的一处海岸贝丘遗址，也是浙江首个贝丘遗址。2013年下半年，在河姆渡文化田螺山遗址发掘过程中，考古工作者偶然从村民处得知附近地下深处埋藏有贝丘的信息。2014年上半年，浙江省文物考古研究所针对该遗址文化堆积特殊的深度和海相淤泥覆盖的情况，实施机钻考古勘探，确认有贝壳和陶片的文化堆积主体，埋藏深度达5至10米，堆积形状大致呈南北向椭圆形，南北长80至100米，东西宽60至80米，总面积在8000平方米左右。2019年9月至2020年8月，浙江省文物考古研究所联合宁波市文物考古研究所、河姆渡遗址博物馆对遗址进行主动性发掘。

　　井头山的考古发掘图片中，最让人印象深刻的是各种贝壳。大小牡蛎、

井头山遗址航拍

井头山遗址出土文物

蚶子、海螺和蛤蜊,还有几乎全部已成为贝壳碎屑的蛏子。除此之外,还有动物碎骨、陶器碎片、石器、骨器、捕鱼工具等人工器物和反映早期稻作农业的遗存。其中,有一柄加工精细、保存完好的木桨,环首短柄,弧形桨叶,背部中段带有两个方形突块。这是目前发现的最早的近海航行的划船的木桨,弥足珍贵。这一切,都是井头山人适应海洋、利用海洋的有力实证。

井头山遗址的发现,突破了我国东南沿海地区以往对史前遗址的时空分布框架及其规律的认识。河姆渡文化则集中展现了宁波史前文化的灿烂。

说起河姆渡,人们的脑海里一定会浮现出由三块巨石叠成的河姆渡标

第一章

神鸟之乡·先秦

河姆渡遗址双鸟异日纹象牙蝶形器

河姆渡遗址三块巨石

河姆渡遗址复原的先民劳作场景

志。上方横置一块巨石,图案是两只神鸟,圆眼钩喙,伸颈相望,中间是一个光芒四射的太阳,整个画面夸张、浪漫、雄奇。这是依据河姆渡遗址出土文物"双鸟昇日"(或称双凤朝阳)纹象牙蝶形器放大而成的。太阳和飞鸟,就是河姆渡人的精神图腾。飞鸟,将种子从远方衔来;太阳,普照万物,四时耕作都离不开太阳。

对河姆渡的发现,始于1973年夏天。余姚县罗江公社河姆渡村的农民在村东北修建排涝站时,发现了一些陶器碎片。接着,一个埋藏了7000年的惊天秘密露出了地面。经过1973年和1977年两期科学发掘,出土了骨器、陶器、玉器、木器等各类质料组成的生产工具、生活用品和装饰工艺品。此外,还有人工栽培稻遗物、干栏式建筑构件、动植物遗骸等。

河姆渡遗址

第一章
神鸟之乡·先秦

种种遗迹表明，河姆渡时期宁波地区出现了相当数量的聚落。在河姆渡遗址植物类遗存中，除了种类丰富的采集食用植物，最有意义的是大量水稻遗存的发现。水稻的种植，极大地改变了原始人的生活。有了稳定的粮食来源后，人们过上了定居生活。采集、渔猎、纺织、饲养家畜、制作生产工具和生活必需品，甚至在器具制作中寄寓自己的精神追求和审美意趣，于是有了辉煌璀璨的稻作文化。

除了河姆渡遗址，目前已经发掘的位于现姚江平原的河姆渡文化主要遗址还包括慈湖遗址（下文化层）、小东门遗址（第1期遗存）、鲞架山遗址、鲻山遗址、田螺山遗址和傅家山遗址等。2001年底发现的田螺山遗址位于宁波市余姚三七市镇相岙村，西南距河姆渡遗址约7公里。遗址总面积3万多平方米，四面环山，处在一平方公里的小盆地中部，是迄今为止发现的河姆渡文化中地面环境条件最好、地下遗存比较完整的一处古村落遗址。在已经发掘的800多平方米的遗址区内，除了各种器物，还发现了一些微粒木炭和布局讲究的古建筑和古埠头。

从8000年前的井头山遗址到7000年前的河姆渡遗址，文化面貌、内涵特质区别明显，体现的是海洋渔捞向稻作农业的转变。四明山麓的"古宁波湾"区域，地处中国大陆海岸线中段，海洋、溪流、河湖、山地、丘陵、平原、滩涂均有分布，井头山、河姆渡、田螺山这三个重要的遗址集中于此，这应该不是偶然的。它们雄辩地证明了，中国水稻起源自本土，长江流域也有灿烂的文明。

| 句章古城 |

于越城边枫叶高

作为港口城市,宁波与船密不可分。

宁波博物馆有一件镇馆之宝,那就是"羽人竞渡"纹铜钺。这是1976年鄞县云龙镇甲村石秃山出土的战国时期的铜钺,器身金黄,高9.8厘米,刃宽12.1厘米,锋利如新。铜钺一面素面无纹,另一面,一个"风"字形边框上方刻了两条龙,昂首相对,前肢弯曲,尾向内卷;下方以弧形边框线为舟,舟上四人成一排,都戴着高高的羽毛头冠,双手持桨奋力划船,动作整齐划一,头冠上的羽毛迎风飘扬。有人认为,戴羽毛头冠源于祖先的鸟图腾,也有人认为,四人头顶上方的就是船帆。这说明,2000多年前的越人已经使用船帆航行。而云龙镇一直有龙舟竞渡的习俗,且荣膺"中国龙舟文化之乡"称号。《事物原始》中记载:"竞渡之事,起于勾践,今龙船是也。"

提到越王勾践,人们便会想到"卧薪尝胆"这个成语。他是春秋时期越国的君主,春秋五霸之一,起初被吴王夫差打败,最后发愤图强,复国雪耻。

原始性开发时期的宁波,先民的开发活动可分为三段:第一段自河姆

第一章
神鸟之乡·先秦

"羽人竞渡"纹铜钺

"羽人竞渡"图纹

渡文化至良渚文化末期；第二段为于越时期；第三段为秦汉时期。

于越时期，相当于商、周时期。关于于越族的起源问题，史家一直争论不休，莫衷一是。《史记》记载越王为大禹的后裔，《吴越春秋》和《越绝书》中也有越王谱系溯至夏禹的传说，但这仅是越地的传说。即使越王出自夏人，也不能就此认定于越人与夏人同源。可于越族很早就与商、周建立政治、经济和文化上的联系却是真的。周成王时，就有诸侯大会"于越献舟"的记载。越王勾践曾描述越人是"水行而山处，以船为车，以楫为马，往若飘风，去则难从"。

宁波地区在两周时期属于越族传统活动区域的东境，也是早期越国的东疆。

宁波地区有史可稽的早期城邑有三处，分别是句章、鄞、鄮。《宝庆四明志》记载，这三处最初为越国采邑，秦时成为会稽郡属县。"鄞"的位置，一般认为是在今鄞州和奉化一带，奉化白杜有汉代至隋代的鄞城故址，其西北约五公里处是鄞州横溪镇钱岙遗址。汉"鄮"城故址所在地是宝幢同岙，位于鄞州与北仑交界区域。

那么，句章呢？《后汉书》曾记载句章城始于春秋越国时期，为越王勾践始建。句章的具体位置，《宝庆四明志》明确指出在"城山渡"。经2009年宁波市文物考古研究，在今宁波市江北区慈城王家坝村，即"城山渡北"。

句章故城南临姚江。姚江流域农业开发历史很早，著名的河姆渡新石器早期遗址就位于城山句章故城约三公里处。1981年，在城山渡附近的乍山中学校址发现了商代晚期至西周时期的文化遗存。一些学者认为，城山句章应是我国最古老的海港之一。虽然这一说法缺乏足够的佐证，不过句章故城位于姚江之滨，水运之便自不待言。"羽人竞渡"纹铜钺恰恰也证明了青铜时代宁波水上交通的活跃。而且，于越人已经将水上交通的范围延

第一章
神鸟之乡·先秦

伸至大海。

宁波地区青铜时代的历史可以分为两个阶段,即早期青铜文化时期和先越——越国文化时期。早期的青铜文化,在文化脉络上延续了一些当地新石器时代文化的要素,但与河姆渡后续文化相比,还是发生了相当大的变异,它与同时期杭州湾北岸的青铜文化——马桥文化拥有较多的相似性。宁波地区商晚期至东周时期的古文化基本与绍兴地区面貌一致,同属于先越——越国文化系统。

青铜时代的农业和手工业基本沿袭了新石器以来的稻作生产的传统,随着金属器具的使用,生产效率得到提高。越国地区的青铜器以青铜兵器

今日城山渡

和农具居多，宁波发现的周代青铜器尤以农具为大宗，包括斧、铲、削、耜、锄等，数量占全部青铜器的60%以上。青铜器主要发现于鄞州、慈溪和余姚等地，手工业则有制陶和纺织。陶器除了新石器时代的夹砂陶和泥质陶，又增加了使用瓷土支撑的印纹硬陶。这一切，除了宁波鄞州区钱岙、江北区灵山等遗址具有较完整的文化层堆积，主要来自土墩墓和土墩石室墓等墓葬遗存，为我们了解宁波地区先越和越国时期的社会状况提供了宝贵的信息。

秦汉至六朝

第二章

东海福地

| 徐福东渡 |

仙山可在海东头

于越作为方国之一被消灭后,宁绍平原第一次纳入了大一统王朝的版图。秦朝开始在宁绍平原上设立山阴、诸暨、句章、鄞四县。虽然,宁绍平原已经置于秦王朝的管辖范围,但是居民构成仍以越人为主,汉化进程非常滞缓。于是,秦始皇亲自出巡越地,目的是一石三鸟:匡正民风;分化和削弱反秦势力;还有一点,就是求得长生不老的仙药。因为,当时人们认为海上居住着神仙,神仙有长生不老的奇药。秦始皇到底有没有到过句章的达蓬山(今属慈溪市)呢?一些地方文献上有过记载。不管历史真相如何,秦始皇的东巡,贯彻了他的求仙行动。浙东仙道之风自秦后愈演愈烈,和秦始皇的求仙活动是分不开的。

至于徐福东渡,也是一个千古谜团。

传说秦始皇令方士徐福去海上寻觅长生不老药。徐福求药,两次都空手而归,或者说是神仙因为礼薄不肯给药,或者说是因为海上有大蛟被围困,残暴的始皇帝却没有降罪于他。最后一次出海,他带数千童男童女和百工，还有各种作物的种子，结果一去不返。是始皇借寻药之名，行航海之实，暗中授命徐福，意欲把领土拓展到海外，还是徐福斗智斗勇，将计就计，想摆脱暴秦的统治自己移民海外？都不得而知。

历史上徐福确有其人，出海也是事实。他选择在哪里起航？选择了哪条路线？他又去了哪里？历来众说纷纭。有说他去了台湾地区的，有说他去了日本的。也有说他去了韩国或南洋的，甚至有说他去了美洲的。从历代的资料看，锁定日本的较多。最初提出徐福东渡日本的是五代后周和尚义楚，称："日本国亦名倭国，在东海中。秦时，徐福将五百童男、五百童女止此国，今人物一如长安……又东北千余里，有山名'富士'亦名'蓬莱'……徐福至此，谓蓬莱，至今子孙皆曰秦氏。"义楚称这一说法来自日本和尚弘顺。宋代文学家、史学家欧阳修也认为徐福东渡到了日本。明初，日本和尚空海到南京，向明太祖献诗，提到"熊野峰前徐福祠"。清末驻日公使黎庶昌、黄遵宪等人，都参观了徐福墓，并有诗文题记。

至于徐福东渡日本的航线，一般认为也有两条。一是北路航线，即从山东沿海向东沿朝鲜半岛西岸，经济州岛到日本九州附近，称"沿岸航线"；二是南路航线，即由宁波慈溪达蓬山起航，向东出杭州湾，途经岱山，穿过嵊泗列岛，汇入黑潮暖流，北上抵达日本九州附近，称"漂流航线"。

肯定"漂流航线"的人不在少数。

达蓬山原名香山，位于慈溪市东南部，海拔400多米，山中重峦叠嶂、林木葱郁，登山远眺，浩瀚的东海尽收眼底。现在，达蓬山的"秦渡港"和岱山东沙角的"海天一览亭"，是我国唯一保留下来的徐福东渡的历史遗址。岱山与达蓬山隔海相望，从达蓬山启航，岱山岛是必经之地。而考古发现，日本的稻作文化与我国长江流域（包括达蓬山和岱山地区在内），确实有内在的联系。日本盛产稻谷，日本稻谷的生态与余姚河姆渡文化遗址出土的稻

第二章
东海福地·秦汉至六朝

达蓬山

云雾中的达蓬山

徐福宫

谷极其相似，又和与岱山隔海相望仅五海里的马岙出土的稻谷相同。岱山的不少植物在日本也可见到，比如日本人祭神时手中拿着的枍木，也盛产于岱山岛及舟山本岛上。

也有一些日本人说自己就是徐福的后裔。理由是，在日语中，秦与羽田的发音相同。日本前首相羽田孜就称自己是徐福的后裔。还有的人认定徐福即日本的神武天皇。达蓬山有建于唐天宝元年（742年）的秦渡庵，原名"东渡庵"，是徐福后人为纪念徐福东渡而建，历经千年，于清顺治十七年（1660年）被强盗抢劫后所毁。相传徐福曾在此命人砍柴割草、平整土地、搭屋造舍、开掘水井，并修筑通往海口的道路，做渡海前的练习。羽田孜亲书"秦渡庵"三个字以示纪念，这座年代久远的被弃的秦渡庵成了徐福成功

第二章
东海福地·秦汉至六朝

东渡的历史见证。

不管史实究竟如何,徐福2000多年前的东渡展示了他卓越的航海才能,也成了中、日、韩友好交往的开端。徐福在三国人民心中是友谊和文化的使者。

达蓬山麓现有一座徐福文化园,园中有徐福东渡摩崖石刻、秦渡庵、小休洞、跑马岗、饮马潭、求仙亭等与徐福东渡有关的历史遗迹,还新建了祈福阁、秦皇别苑、徐福像、童男童女群雕等人文景观,并用现代的多媒体技术重现徐福东渡的壮观场景。此外,还有"80天环游地球"世界自然人文主题乐园、中华石窗园、佛迹寺和雅戈尔天域酒店等项目,集旅游、休闲、度假、娱乐于一体。这也是得益于徐福的福泽吧。

徐福东渡摩崖石刻

| 隐士高风 |

人间何处有严陵

"云山苍苍，江水泱泱，先生之风，山高水长。"这是范仲淹《严先生祠堂记》中的名言。

严子陵，余姚四贤之一。姚江畔，有严子陵祠、客星庵、高风阁、高节书院、"高风千古"石牌坊、严子陵故里碑亭等建筑物。而他的墓，在客星山（陈山）以北。客星山，原属余姚，现属慈溪。

在浙江余姚、慈溪、富阳、建德四地，还有河南、山东、安徽、河北四省，有严子陵钓迹14处、祠宇12处、坟墓5处，其中最有名的是浙江桐庐富春江畔的严子陵钓台。这里，留下了李白、范仲淹、孟浩然、苏轼、陆游、李清照、朱熹、康有为、郁达夫、张大千、陈毅、郭沫若、巴金的足迹。据统计，从南北朝至清朝有1000多名诗人、文学家来过此地，并留下2000多首诗文。严子陵可谓知识分子的一座精神丰碑。

一位垂钓于山水间，寄情一竿一线的人，为什么能留下千古芳名？而那么多地方有严子陵的钓迹，宋代诗人杨万里为什么还要发出"人间何处有

第二章

东海福地·秦汉至六朝

严陵"的喟叹？

关于严子陵的史料甚少，《后汉书》中对他的记载仅392字，他生前又没有留下任何文字。他的人生轨迹是这样的：严光（前37—43年），又名遵，字子陵，本姓庄，因避东汉明帝刘庄名讳，后人追改姓严。余姚人，东汉著名隐士、黄老道家学者、文学家、思想家，世称"严子"。少有高名，与东汉光武帝刘秀是同学，亦为好友。公元25年，刘秀即位，想任用严子陵，严子陵却一心慕闲云野鹤，流连于山水之间。刘秀求贤若渴，各处寻访，终于在山东发现披着洁白的羊裘在溪水边钓鱼的严子陵，先后礼请三次，终于将他请到洛阳宫中。当晚，刘秀请严子陵同榻而眠，叙谈往事。后严子陵佯装睡熟，把脚搁在刘秀的肚子上。刘秀不悦，但是一想到要礼贤下士，也佯装熟睡，将严子陵的脚轻轻推开。第二天，太史奏告，有客星冲犯了帝座，很厉害。刘秀笑着说："我的老朋友严子陵与我睡在一起罢了。"后授谏议大夫，严子陵不肯屈意接受。刘秀最终答应严子陵归隐富春山（今浙江省桐庐县境内），耕读垂钓，后人把他垂钓的地方命名为严陵濑。严子陵八十岁时去世，归葬故里。刘秀倍感哀伤，诏郡县赐钱百万、谷千斛安葬，墓在客星山。

世人尊崇严子陵，因为他不畏权势，不违心屈志，追求人格平等。他是千百年来隐逸文化的符号，是知识分子的标杆。王莽曾多次聘请严子陵任官，严子陵"抗节不行"，态度非常坚决，不肯附庸王莽政权。而被刘秀请至宫中，在与皇帝、权臣的周旋中，他表现出了洒脱不羁、卓然独立的精神面貌。但是，他也并非完全孤高绝世，不问政治。他太学游学时研读儒家经典，儒家的因子渗透在他的灵魂里。他对曾经受聘王莽后又跟随刘秀，阿谀奉承、唯唯诺诺的侯霸就说过"君房足下，位至鼎足，甚善。怀仁辅义天下悦，阿谀顺旨要领绝"，以"怀仁辅义"的儒家治国的准则告诫侯霸。他虽然高蹈出世，不慕功名，一心想归隐山林，但是内心希望刘秀成为一代明君，实

"高风千古"石牌坊

现国家中兴。

"学而优则仕",中国的读书人,都怀着寒窗苦读、考取功名的理想,而严子陵却是特立独行的。古往今来,对严子陵的评说有几种:有"高风说",赞他蔑视功名,高风亮节如白云松柏。有"友情说",范仲淹曾经深情礼赞:"盖先生之心,出乎日月之上;光武之量,包乎天地之外。微先生不能成光武之大,微光武岂能遂先生之高哉?"说的是刘秀和严子陵,因深厚的友情和超

第二章

东海福地·秦汉至六朝

石牌坊局部

凡的胸襟,双双留下美名。当然,也有不同的声音,如"逃名说""猎名说"和"避祸说"。但是,积极的说法永远占据主流。

严子陵是意蕴丰富的人格"原型"。于是,"垂钓"成了诗意的隐士风范,成了与官本位思想尖锐对立的自由的精神思想的象征。虽然,严子陵归隐富春山,大部分活动在浙东地域之外,但是家乡人对他怀着无比崇敬和自豪的心情。他无疑启导了浙东隐士文化,浙东士子深受严子陵精神的影响和激励。黄宗羲在《梨洲末命》中就嘱咐子孙,死后在其墓前的石柱上刻上"不事王侯,持子陵之风节;诏钞著述,同虞喜之传文"一联。

| 慈孝之乡 |

芳名百世留青史

　　位于宁波市江北区西部的慈城是老慈溪县的中心,山清水秀,钟灵毓秀,且历史遗迹甚多,慈孝之名远扬。慈城又名"三孝乡",因为有汉代董黯、唐代张无择、宋代孙之翰这三位大孝子。

　　东汉的董黯,虽然没有列入《二十四孝》,但是他的事迹历朝诸多典籍里都有记载。《宝庆四明志》卷八收录他的事迹,"由是以慈名溪,以董孝名乡"。原来,慈溪之名和他有关。

　　董黯,字叔达,是西汉儒学大家董仲舒的六世孙。他幼年丧父,家境贫寒而事母至孝。他终年打柴换钱,侍奉母亲。母亲生病了,想喝故里大隐的溪水。他每次来回二十余里到大隐溪上游永昌潭担水奉母,在途中绝不转换肩胛,为的是把肩前的纯净水供母饮用。然故里之水离家甚远,不能常致,董黯就在外婆家(今章山村永昌潭)旁筑一陋室,汲水供母,母亲的病得以好转。也有版本说,一天董黯在田间锄草,回来时院子地面忽然开裂,冒出清水,清洌甘甜,犹如大隐溪水,董黯就掘地为井。乡里人听说此事,

第二章

东海福地·秦汉至六朝

位于慈城的孝子井

纷纷称赞是董黯的孝心感天动地,便将此井取名为"董孝子井"。

董黯的邻居王寄,虽家道殷富但秉性顽劣,事亲不孝。有一天,董母与王母拉家常,各自谈及儿子孝与不孝,恰好被王寄听到。王寄嫉恨董母,待董黯离家外出时,去董家辱骂董母。董母由此卧病不起,不久抑郁而亡。董黯愤极,念及王母年老,杀了王寄则王母就没人赡养,便按下怒火,日日枕戈而眠。十年之后,王母因病而亡,葬事毕,董黯手刃王寄,以报母仇,祭奠了母亲亡灵后,就去官府投案自首。汉和帝听说他的孝行,宽宥了他的杀人之罪,并要他出来做官,被董黯拒绝。后董黯受皇恩俸禄,隐居终老于大隐。唐代诗人贺知章专门写了《董孝子黯复仇》:"十年心事苦,惟为复恩仇。两意既已尽,碧山吾白头。"

董黯被称为"甬上孝子第一人",孝行代代传颂。

春秋时期,慈城称"句""句余""句章",为越王勾践所筑,城址在今慈城镇城山渡。秦汉时,句章属于会稽郡。唐开元二十六年(738年),采访使齐瀚向朝廷奏请,划越州东部的区域另设明州(今宁波),而明州下面原句章故地置为一县。朝廷委派房琯为首任县令。房县令勘探句章山水,选择风水上所谓"九龙戏珠"之地(今慈城),迁建县治。当他登上城北的浮碧山,眺望东北阚峰下巍峨耸立的董孝子祠时,不禁为董黯"汲水奉母"的事迹所感动。所谓母慈子孝,就把"大隐溪"改为"慈溪","句章县"改为"慈溪县"。后人习惯把慈溪县城简称为"慈城"。明代,明州与国号"明"重复,为避讳,将明州改名为宁波,"宁波"之名一直用到今天。县志记载明永乐十六年(1418年),因为慈溪县衙里的官印丢了,皇帝下旨重新铸造一个,又怕有

慈城古建筑群

第二章
东海福地·秦汉至六朝

人用老印章作奸犯科,所以干脆把"溪"改为"豁",从此慈溪变为"慈豁"。1949年5月,慈溪县城(慈城)解放,建立了人民政权。1950年,以解放路(直街)为界,再次分为孝东、孝西两镇,1951年再次合并。1954年10月,慈豁县治迁至当时的余姚县浒山镇(今慈溪市浒山街道),旧慈豁改称"慈溪镇",划归当时的余姚县。1956年,慈豁县复名慈溪县。

汉安帝敕封董黯为"孝子",并为之立祠。朝代更迭,董孝子庙一再修建、迁建。原在鼓楼的董孝子庙几经辗转,迁到南郊的祖关山。1998年因铁路扩建,董孝子庙向东南迁移数百米,迁建之后扩大了占地面积并增加了其

董孝子庙

第二章
东海福地·秦汉至六朝

他建筑物,修复和增补了残破的构件。迁建之后的董孝子庙在今南门尹江岸路279号,朝南,紧靠南郊公园。前进五开间头门檐廊和三开间中军殿大门并列。仪门卷棚、梁柱、额枋及东西墙基都是原庙的遗物,五道大门左右的石刻对联"为劳千里使,奉诏亦知心""东汉以来千古,有虞而后一人",也从原庙移拆组建。守护庙门的一对十分典型的宁波本地样式石狮子,高1.9米,长1米,宽0.6米,经修补后仍完好如初。2019年,董孝子庙又一次迁建后重新开庙。

北宋著名学者杜醇《过董孝君祠》中有这样的诗句:"芳名百世留青史,至行千年启后贤。"一个人,和一方地名永久地联系在一起,可见他的影响。

| 虞氏家族 |

簪缨世家多才俊

"鹤鸣于九皋，声闻于野。"慈溪鸣鹤古镇之名来源于虞九皋，他是唐代著名书法家虞世南的重孙，年纪轻轻就中了进士，不料客死京城，乡人哀之，用其字命名故里。他的好友、文学家柳宗元曾作《虞鸣鹤诔并序》。

鸣鹤位于五磊山下，杜湖、白洋湖之滨，唐宋时为浙东重要盐场。杜湖之边鸣鹤山上的定水寺，相传原为虞世南的故居。里中亦曾传有颜鲁公（颜真卿）的亲书石碑；乾元二年（759年），有僧在此建庵名"清泉"；后来里人筑碶时，也发现了字迹已经模糊的大和年中（约827—835年）《经藏碑》。

虞世南的这个家族，被称为"江左豪门"。在六朝时，虞氏家族是宁波境内最显赫的名门世族。这个家族分西虞与东虞两支。西虞定居在余姚城西南的罗壁山区，东虞后来则主要聚居于鸣鹤杜岙村一带，因唐开元二十六年（738年）以前的数百年间，鸣鹤杜岙村地属会稽郡余姚县，故当时两地都称会稽虞氏或余姚虞氏。

余姚虞氏有迹可循的信史，最早能追溯到大致活动在东汉中期的虞

第二章

东海福地·秦汉至六朝

光。虞光官至零陵太守。其子虞成、虞歆分别入仕。东汉末年,虞氏家族已经成为会稽郡的名门望族,传至虞歆之子虞翻时,更是声名显赫,门楣光耀。

虞翻,字仲翔,性豪爽耿直,文武双全。他在学术领域颇有建树。他为《老子》《论语》《国语》作过训注,并著《明扬释宋》。虞翻初时为会稽太守王朗之功曹,孙策征会稽,王朗兵败。孙策又任命虞翻为功曹,待以交友之礼。自此,他追随孙策左右,驰骋疆场。孙策死后,其弟孙权主事,以其为骑都尉。虞翻既是谋士又是谏官,多次犯颜谏争,屡屡触犯孙权,遭到贬谪。宋代宋祁有诗"虞翻到骨终无媚"。虞翻一生虽处乱世,亲历了三国争霸的

慈溪鸣鹤古镇

鸣鹤古镇一景

战争,但于学问孜孜以求,从未间断。特别是晚年在交州期间,讲学不倦,门生常有数百人。

虞翻善风水占卦。有一次,雪后初霁,他带着 11 个儿子和孙子虞潭,登上余姚城的屿山(今龙泉山)。南望群峰争秀的四明山,再俯瞰蜿蜒如带的姚江,朗声道:你们要世代居住在姚江之北,肯定有人官做得比我大,但名声恐怕超不过我……果如其言,虞翻的儿子,有多人官至高位,且立身行事,颇有其父之风。第四个儿子虞汜,因拥立孙休时有功,被封为散骑中常侍。虽进入政治权力中心,却常犯颜直谏。第五个儿子虞忠官宜都太守,

第二章

东海福地·秦汉至六朝

娶孙权族孙女为妻。兵败时以身殉国。六子虞耸,在吴国时曾任越骑校尉、河间太守,入晋以后,封为河间相。八子虞昺,原为吴黄门郎,以善于应对,升为尚书侍中,地位尊贵,归晋任济阴太守。此外,这一支虞氏子弟在孙吴为官者还有征虏将军虞察。

孙吴亡国后,虞氏族人在政治上受到阻遏。而再度崛起则始于西晋后期,虞氏族人的发展也呈现多元的格局。虞潭,虞忠的儿子。父亲战死后,母亲矢志守节,把年幼的他抚养成人。虞潭外柔内刚,"清贞而有操守"。齐王司马冏任大司马掌政时,请为祭酒,成为国子学的主管,后又出任祁乡县令、醴陵县令。太安二年(303年),张昌叛乱,虞潭独自起兵平乱。此后十多年,四处征战,相继平定陈敏、杜弢之乱,以军功晋阶。七十九岁时去世,朝廷追赠左光禄大夫,谥号孝烈。虞潭以军功致显,而虞察的儿子虞喜、虞预以"儒学立名"。虞喜,少立操行,博学好古。他释《毛诗略》,注《孝经》,为《志林》三十篇,凡所著述数十万言(今已散佚)。他还是一位杰出的天文

鸣鹤古镇一景

学家,定出较为精确的岁差值。他认为:"通而计之,未盈百载,所差二度",由此得出"五十年退一度"的结论,使我国历法得以较早地区分恒星年与太阳年。132年后,祖冲之参考虞喜的岁差值,制定出举世闻名的《大明历》。

南北朝时,余姚虞氏或许是因为尚武精神的失落,或许是族人过于"忠直謇谔",政治地位渐趋下滑。到了隋唐,虞世基、虞世南兄弟都是虞氏家族杰出的人物。虞世南任唐初弘文馆的学士、授银青光禄大夫衔,是"凌烟阁二十四功臣"之一。虞世南的书法,曾得王羲之七世孙智永和尚亲授,继承二王传统,外柔内刚,笔致圆融冲和而有遒丽之气。唐代初期,在书法艺术上影响最大的是欧阳询、虞世南、褚遂良和薛稷。

再说古镇鸣鹤,有诸多古迹,除了虞氏故居,还有建于南朝梁大同年间的金仙寺,一代大师李叔同曾在这里完成《清凉歌集》与《华严集联三百》,有北宋时的瓷窑遗址,有五磊寺风景区,还有南宋著名学者黄震墓、越国公袁韶墓。清朝道光年间,这一带药材生意非常红火,因此造就了不少富商。药商们衣锦还乡,建造深宅大院。所以,鸣鹤留有许多明清和民国的古建筑。而白洋湖畔,还有爱国侨商吴锦堂的墓园。从陡塘桥附近的老街口进入鸣鹤,真的如走进一段明清和民国的历史中。深深的巷子,庄严的层层叠起的马头山墙,如意形的门臼,精细的窗雕,临水的民居、店铺,是一种怎样的柔情和韵致,难怪有人赞叹"鹤皋风景赛姑苏"。

| 巍峨四明 |

青山万叠总迎人

四明八百里,物色甲东南。

四明山位于浙江省东部,四明山脉横跨慈溪、余姚、鄞州、奉化、嵊州、上虞六市区,呈东西向狭长形分布,总面积6665公顷,山峰起伏,岗峦层叠,海拔在400至900米之间。四明山四时皆景,处处皆景,古木参天,千峰竞翠,湖泊连绵,奇岩峻峭,且竹海莽莽,云蒸霞蔚。春日杖锡樱花如云,秋天丹山赤水层林尽染,四明山洞、四明湖、四窗岩、白水宫……都是寻幽览胜的好去处。

历来,四明山是仙道之山、名士之山、诗词之山。

从汉代起,众多的道家、隐士在四明山留下大量神奇的传说。西汉的梅福,在学道修仙之余,还悬壶济世,民间传说他飞升后犹做乞丐来梁弄东明山的一口井里施放仙药。东汉时,有刘阮遇仙的佳话。剡县(今绍兴嵊州)人刘晨、阮肇入天台山(是时四明、天台为一山,同谓之天台)采药,至溪浒迷路。两人见水中有桃花、粽叶顺流而下,猜测上流必有人家,遂顺溪而上,遇到两位穿绛裙碧衣的绝色女子。两女将他们接到桃源洞,以胡麻饭、山羊脯招待,并自称是天帝之女,遂成就一段仙凡姻缘。半年后,刘、阮二人思乡心切。于是,两女唤请九天仙女载歌载舞送别。刘、阮二人回到家里,才知道他们的子孙已经传至第七代,真可谓"天上方一日,人间已一年"。后来两人想再回到当年遇仙之所,则再也找不到路了。东晋时,丹鼎派的丹阳句容人葛洪,随郑隐学道。葛洪著《抱朴子》,将儒家的修身养性与道家的修炼成仙沟通起来,建立了一套内神仙而外儒教的宗教理论。葛洪遍游天涯,浙东诸山包括四明山都有他的遗迹,被后人奉为仙翁。东汉上虞县县令刘刚,辞官跟妻子樊云翘到四明山隐居,在大岚白日飞升。

第二章

东海福地·秦汉至六朝

四明山也是魏晋名士灵魂安放的地方。当时的名门望族王谢两家,王羲之及其后代居于四明山南麓,今嵊州黄泽镇一带。谢安及其后代居于四明山东麓,今上虞上浦镇一带。四明山的东山,是否就是谢安"东山再起"的故地呢?李白《忆东山》写道:"不向东山久,蔷薇几度花。白云还自散,明月落谁家?"有人以为诗中"白云""明月"是谢安隐居四明山时所筑的两所堂名,含双关义。有人据谢灵运《山居赋》考证,他所居谢公山,确是历史上著名的东山。山水诗的开创者谢灵运,从小就居于祖父谢玄修建的四明山始宁山居。谢灵运《过始宁墅》的"白云抱幽石,绿筱媚清涟",《登池上楼》的"池塘生春草,园柳变鸣禽",《石壁精舍还湖中作》的"林壑敛暝色,云霞

四明湖风光

四明山山路

收夕霏"等,都是为四明山而作。魏晋时期很多名士纷纷潜入山中,流连山水,结社聚会。有几个地方特别有名,如大隐、石屋山、东山等"九题诗"涉及的几个地方。而与王羲之、谢安等十八名士交游的还有以支道林、竺道潜等为首的十八高僧,长期在浙东盘桓不去,占山结庐。

四明山在古越时期名为"句余山",山名也是由这些晋代名士所改。他们在如莲花簇拥的山峰间发现了四窗岩,中通日月之光,相传天气晴朗时,洞里云蒸霞蔚,会吐出五色霞光,非常壮观神奇,故名"四明"。两晋名士为四明山注入了灵性、魅力与精神内核,真正做到了物我统一。名士名山,相得益彰。

四明山在唐代俨然成为士大夫的一个精神符号,他们追寻魏晋遗风,洒脱倜傥。比如李白的《早望海霞边》,想象四明山上"日出红光散,分辉照

第二章

东海福地·秦汉至六朝

四明山风光

雪崖",过的是"一餐咽琼液,五内发金沙"的生活,胸怀寰宇,思接千古,从道家层面为我们营构了"天人合一"的自由境界、宇宙境界。自号"四明狂客"的贺知章,与宁波有着深厚的渊源。四明山间、浙东大地处处有他的传说。相传宋绍兴十四年(1144年),郡守莫将在贺知章读书的故地重建"逸老堂",以祀贺知章和李白。其后几废几修,现存建筑为清同治四年(1865年)重修,称贺秘监祠。经考证,共有451位唐代诗人游弋于浙东,占《全唐诗》收载的2200余名诗人总数的近五分之一,留下了1500多首唐诗。四明山唐诗之路,是山水文化与士文化相融合而形成的一条路,既是一条地理意义上的路,也是一条思想与文化之路。

| 名寺古刹 |

佛现紫金归胜地

宁波被称为"四明三佛地"。哪三佛？阿育王寺有释迦牟尼真身舍利；雪窦寺是弥勒佛的道场；还有镇明路的戒香寺，有化为哑女的维卫佛。自古以来，鄞地山清水秀、物华天宝、人杰地灵，境内寺院（庵）星罗棋布，名僧名寺相得益彰。浙东四大丛林均在宁波，即天童寺、阿育王寺、七塔寺、延庆观宗讲寺。阿育王寺舍利放光，佛光普照；天童寺名香清梵，气象巍峨；七塔寺古朴典雅，蔚为庄严；延庆观宗讲寺殿宇宏伟，香客云集。四大古刹的文化底蕴深厚，集古建筑、绘画、雕刻、园林、文物和风景名胜等为一体，吸引中外高僧、学者、游客慕名而来。2016年宁波当选"东亚文化之都"，佛文化是重要因素之一。

佛教的传入大约在两汉之际。以前学术界对北传考察较多，20世纪90年代以来，人们通过对江南早期佛教造像的深入研究，相继提出了"佛教南传之路""佛教自海路传入中国"的崭新观点。而越窑青瓷等早期艺术品也提供了重要的佐证。

第二章

东海福地·秦汉至六朝

浙东佛教虽然传入颇早,但到三国时才真正有所发展。赤乌二年(239年),东吴太子太傅、都乡侯阚泽舍献自己在句章的住宅,建造了普济寺(寺址在今宁波慈城),这当是宁波境内最早的寺院。赤乌年间(238—251年),又有印度来华高僧那罗延到五磊山(今慈溪市宓家埭乡)结庐静修,是为五磊寺的开山祖。据说,尊者见因缘成熟后,燃起圣火,一日吴国太路过,看到了火光,心性大开,为报佛恩,遂命其子孙权在尊者结庐处修建一小小寺院,这便是五磊讲寺的前身。五磊讲寺名胜古迹较多,寺门前有一水池,取名"真明池",碧水从东面的象眼家汩汩流出,注入真明池后又经小渠流到月亮湖,常年不枯竭。据说这也是那罗延亲率众弟子日夜开凿成的,其间曾与山中妖魔斗法,死伤多人,故又名"万工池",池水清洌甜爽,能助人祛病驱邪。寺内多植樟树,枝叶繁茂,四季常青,与五磊寺的金黄建筑交相辉映。到了唐僖宗文德元年(888年),五磊讲寺的规模得到了极大的扩展。各种经幢阁楼美不胜收,殿堂亭榭尽浮佳气,真可谓"古寺楼台高避暑,晴天松柏昼生寒"。

五磊讲寺

阿育王寺

雪窦寺

第二章

东海福地·秦汉至六朝

魏晋南北朝时期，佛教在鄞地初步得到传播。西晋太康三年（282年），慧达在鄮山乌石岙得阿育王舍利塔一座，小巧精致，别具一格，遂结庐供之。东晋义熙元年（405年），舍利由乌石岙迁到今天的地址，建造了安置舍利的塔亭禅寺。这个神奇的灵塔，成为后来阿育王寺的镇寺之宝。现阿育王寺为宁波占地面积最大的古寺。西晋永康元年（300年），僧义兴至鄮县太白山麓结茅修行，久成精舍，开天童禅寺之肇端。唐至德二年（757年），僧宗弼因东谷地狭谷浅，遂将精舍迁至太白峰下，即今天童禅寺址。大中元年（847年），咸启主持天童寺，弘扬洞山宗风，为宁波曹洞宗发轫之始。咸通十年（869年），懿宗敕赐"天寿寺"名。至此，天童寺成为著名的十方禅宗丛林。

雪窦寺，全称雪窦资圣禅寺，坐落于"秀甲四明"的中国五大佛教名山之一的雪窦山山心，位于浙江省宁波市奉化区溪口镇，肇创于晋朝。九峰环抱，瀑布齐鸣，景色秀丽，有"海上蓬莱，陆上天台"之誉。

杜牧诗"南朝四百八十寺，多少楼台烟雨中"，说明南朝统治者崇佛，故江南兴寺成风。梁武帝时，象山相继建造了凤跃院、涌乐院；奉化在梁大同元年（535年）立宴坐院，后又有崇福院、白雀寺；宁海先后出现丹邱寺、永乐寺、妙相寺、崇教寺等；余姚有天香院。而六朝时期佛教人才迅速增长，名僧辈出。

佛教是人类的文化形态，佛教文化是宁波地域文化的重要组成部分。千年佛缘，互学互鉴，古"海上丝绸之路"书写了国与国之间交流共通的佳话，佛教各宗派尤其是禅宗在此交流、融汇，也造就了"东南佛国"的殊胜。

| 梁祝传说 |

蛱蝶双飞绕青山

　　1600多年来,梁山伯与祝英台这两只美丽的蝴蝶一直蹁跹在人们心里,那是"死生契阔,与子成说"最浪漫的诠释。蝴蝶的翅膀掠过各个时代的文艺领域,诗词、戏剧、曲艺、小说、音乐、舞蹈、影视……梁祝艺术之花万紫千红,璀璨芬芳。蝴蝶的踪迹遍及天涯海角,浙江、江苏、河南、山东、广西、甘肃、台湾……都有梁祝的传说歌谣。

　　这个永恒的爱情故事是这样的:东晋时期,会稽郡上虞县祝家庄玉水河边,有个祝员外之女英台,美丽聪颖,酷爱读书,一心想去钱塘(今杭州)访师求学。说服老父后,英台和侍女女扮男装去往钱塘。途中,邂逅了同是赴钱塘求学的会稽书生梁山伯,两人一见如故,相谈甚欢,在草桥亭上撮土为香,义结金兰。到了书院后,两人同窗共读,相处三载,情深似海。英台深爱山伯,但山伯却不知她是女子,只念兄弟之情,并没有特别的感受。

　　祝父思女,托病催归,英台只得整顿行装,返回故里。十八里相送,依依不舍。途中英台不断借物寓意,敦厚的山伯却不解弦外之音。英台无奈,

梁祝公园

谎称家有九妹，品貌与己酷似，愿替山伯做媒。英台到家，才知父亲已将自己许配给太守之子马文才。美满姻缘，顿成泡影。后梁祝二人楼台相会，泪眼相向，凄然而别。临别时，双双立下誓言：生不能同衾，死也要同穴！后梁山伯任鄞县县令，积劳成疾加上心情抑郁，不久亡故，葬在高桥九龙墟。英台听闻噩耗，誓以身殉。出嫁日，英台绕道去梁山伯墓前祭奠，恸哭声感天动地，瞬间风雨雷电大作，坟墓爆裂，英台翩然跃入坟中。墓复合拢，风停雨霁，彩虹高悬，梁祝化为蝴蝶，在人间蹁跹飞舞。

当然，这个故事历经丰富的改编，版本很多，然大同小异。全国有梁祝读书处六处以上，梁祝墓十多处，还有众多的祝家、梁村、马乡等。梁祝的影响在古代就扩展到境外，朝鲜、韩国、日本、印度尼西亚、俄罗斯、越南、缅甸……都有广泛的流传。

至今能看到的最早的梁祝故事，是唐代张读的《宣室志》，文中记载了

梁祝公园全景

第二章
东海福地·秦汉至六朝

梁祝化蝶雕像

梁山伯为鄞令,祝英台奠墓并殉情,后晋丞相谢安奏表其墓为"义妇冢"等情节。后北宋李茂诚《义忠王庙记》和南宋《四明图经》以及宁波、鄞县元明清十余部地方志,均不同程度地记载了梁祝传说。

早在20世纪初,鄞州"一门五马"中的老三马准,与钱南扬、顾颉刚、冯贞群等专家就深入实地,采集梁祝资料,考察梁祝古迹。钱南扬写出了著名的《宁波梁祝庙墓的现状》田野调查报告,详尽记述了宁波梁祝古迹。

在宁波有一句老话"如要夫妻同到老,梁山伯庙到一到",人们把梁祝看成幸福婚姻的守护神。每有节庆,青年男女会成双结对去梁山伯庙烧香许愿。

虽说,梁祝故事的起源在宁波,但梁祝化蝶的故事太美了,以至于流传广泛,在流传的过程中嬗变、异化,形成了很多传说圈,于是引发了梁祝发源地之争。对此情况,宁波不囿于狭窄的地方观念,宁波的学者和全国梁祝研究者一起,从全国、全世界的范围,从几十个民族、几十种文化现象的角度来研究梁祝文化。

2006年,通过中国梁祝文化研究会的积极协调,浙江省宁波市等四省

梁祝公园荷花池

六地联合申报,"梁祝传说"列入首批国家非物质文化遗产名录。2008年,文化部又将其列入申报联合国人类与口头非物质文化遗产预备名录。有关地区的政府相继承诺履行保护传承梁祝文化的基本义务。

宁波以梁山伯庙为主体,建成了一个规模宏大的爱情主题公园。梁祝公园以"草桥结拜""三载同窗""十八相送""楼台相会""化蝶永伴"为主线,由观音堂、夫妻桥、恩爱亭、荷花池、九龙潭、龙嘘亭、百龄路、梁祝化蝶雕塑、大型喷泉广场、万松书院、梁圣君庙等众多景点组成。各种江南仿古建筑,依山托水,错落有致,形成园中有园、动静结合的格局。梁圣君庙由门楼、正殿、后殿组成,古戏台上经常有精彩的戏曲演出,全国著名的书法家曾在这里留下珍贵墨宝。园中的梁祝文化博物馆就是一座荟萃梁祝文化精华的宝库。有关梁祝的出土文物、资料图片、古籍孤本……记录着梁祝传说的源头和流传、艺术和传承,诉说着梁山伯与祝英台千古不朽的爱情故事。

第三章

河海交汇

隋唐五代

| 秘色上林 |

九秋风露越窑开

"九秋风露越窑开,夺得千峰翠色来。"这是唐代诗人陆龟蒙写秘色瓷的诗句。

文化学者余秋雨,提到儿时在慈溪上林湖畔看到的大量瓷器碎片,说"小时候不知道是什么,就捡起来'打水漂',跟伙伴们比谁漂得远"。

中国是世界上第一个发明瓷器的国家,而且中国的瓷器远销海外,对世界文化产生了巨大的影响。在黄河中下游和长江中下游的不少商代中期遗址中都曾出土过原始青釉瓷器。吴越地区则是在烧制印纹硬陶的基础上发明了原始瓷。东汉,宁绍地区因为丰富的瓷土、燃料和水资源,成为早期越窑青瓷的发源地。三国西晋时越窑迅速发展,东晋时,因为政治原因,越窑窑场数量剧减。但这一时期,慈溪上林湖地区的窑址总数与传统烧造中心上虞平分秋色。而后,时局动荡,又波及越窑。

唐朝是历史上繁荣昌盛的时期,制瓷业兴盛,而且形成了南青北白的格局。考古调查发现,越窑遗址分布在越州和明州境内,以慈溪上林湖地

慈溪上林湖全景

区、上虞的曹娥江地区和鄞州的东钱湖地区最为密集。慈溪上林湖越窑是当时南方青瓷的杰出代表。

中唐时，上林湖越窑在技术上已经实现突破，器物造像除了少数承袭初唐形制，种类增多。晚唐五代则进入兴旺时期，产品质量位居各地名窑之首。朝廷在此设立贡窑。从窑址的地理位置、生产规模和采集标本判断，"贡窑"应该在今上林湖的后施岙、施家坨、黄鳝山窑场一带，而贡窑中的极品就是"秘色瓷"。

何谓秘色？学界历来众说纷纭。1958年以来，考古部门在杭州、临安发掘了吴越国钱氏家族及重臣的墓葬近10座，其中出土了许多秘色瓷。1987年，唐代地宫得到发掘，也出土越窑青瓷14件，器物有瓶、碗、盘、碟等，其釉色以青绿为主，还有青灰、青黄等，皆晶莹润泽，呈半透明或透明状。这些秘色瓷，胎釉结合紧密，器表装饰以素面为主，有少量刻划花，纹饰有龙纹、云纹、云鹤纹、水波纹、缠枝花纹等，线条流畅优美。

在越窑雕塑品上，许多作品遵循简约、质朴、自然的主旨，造型多写

第三章
河海交汇·隋唐五代

意,充满稚趣,审美性与实用性结合,品质兼美。匠人们擅长以动物、植物为装饰。蛙形水盂、鸡头罐、虎子、猛兽尊、鸟形杯、莲蓬形粉盒、仰覆莲盖罐、三联瓜形盒、荷花形盏托、海棠式碗等,透出的是精神灵气和日常生活的生气。

秘色瓷发祥地的慈溪上林湖迅速崛起,成为烧制越窑青瓷的翘楚,需求极大的贡瓷和不断拓展的外销瓷市场更加推动了越窑整体的迅猛发展。上林湖周边的杜湖、白洋湖、古银锭湖,窑群星罗棋布,炉火彻夜不熄。

其实,不仅是在上林湖,被誉为"西子风韵,太湖气魄"的东钱湖边,从东汉晚期到南宋初叶,烧制青瓷的熊熊炉火也从未熄灭,时强时弱,持续了一千多年。这里生产的青瓷产品,种类丰富,造型优美,纹样精致,也曾贡奉朝廷,畅销国内外。东钱湖群山连绵,碧水澄澈,丰富的瓷土、水源和茂盛的林木竹草为烧窑配釉提供了上好原料。而烧制后的大量瓷器成品,一方面通过东钱湖水路经甬江销往海外,另一方面通过东钱湖水路经浙东运

上林湖边的碎瓷

走读宁波

上林湖风光

第三章
河海交汇·隋唐五代

河直达内地。

青瓷,象征的是和谐、高贵、精致。她的美,也辐射带动着其他文化。茶圣陆羽在《茶经》中对当时各窑生产的瓷碗做出点评,他认为,越州最上。越瓷青而茶色绿,相得益彰。不知是青瓷的温润莹洁使得唐宋的饮茶之风更加兴盛,还是品茗清谈的时尚风雅使越窑茶具造型更加丰富、精致。再说佛教,东汉时期越窑青瓷上堆塑的西域胡人形象令人瞩目。胡人带来了佛教文化,西晋东吴时期,越窑青瓷器皿(包括日用品和明器)和铜镜上,出现了佛教内容。由于佛教的发展而迅速流行起来的越窑青瓷上的莲花装饰,不仅是一种装饰,而且蕴含了"清净高洁"的宗教意义。受佛教影响,越窑青瓷中有大量具有鲜明佛教寓意的动物造型,如狮子和鸽子。明器中,也有大量越窑器物。

瓯乐声中,我们似乎又看到了大唐盛况,想起那条绵远的海丝之路起点,明州港商贾云集,全国诸多名窑的产品在此集中,而本地的青瓷,温润如玉,一枝独秀。

越窑青瓷八棱净瓶

| 千年城郭 |

风光盛绝古明州

唐玄宗开元二十六年（738年），宁波地区单独设立了地方二级行政建制——明州。

在宁波的历史上，我们应该记住一些官员，是他们的审时度势，是他们的勤勉敬业、胸怀苍生，从而使民众安居乐业，使城市有了进一步的发展。

唐穆宗长庆元年（821年），刺史韩察向浙江东道观察使薛戎建议，将明州州治由偏僻的小溪移到了三江口。宋《宝庆四明志》记载："易县治为

第三章

河海交汇·隋唐五代

州治,撤旧城,筑新城。"也就是说,这个"城"是新的州城。虽然,宁波有城墙的历史可以追溯得更远,但1200年前的这次迁移意味着明州港口型城市的正式确立。这座枕山、臂江、滨海的城市在往后的岁月中展现了独特的优势,三江相汇,五洲通融,水运发达,文脉赓续。作为中国大运河和海上丝绸之路的交汇点,它一定程度上在贸易和经济往来方面影响了东亚乃至世界。

唐宋时期的州郡城市,通常有内外两圈城墙,外城称"罗城",内城称"子城"。州府的官署衙门在子城内,而罗城则是老百姓居住的地方。长庆元年(821年)韩察修筑的新州城,即子城。1997年1月,为配合旧城改造,宁波在公园路一带进行了为期4个月、面积700平方米的抢救发掘,发现唐宋时期的城墙、窨井、护城河、房基、室内地面、天井、沟、路面、花坛等重要遗迹。考古发掘证实,子城位置大致就在今鼓楼步行街范围,南起鼓楼(鼓楼即子城的南城门),北至今公园路,东起现军分区内,西至呼童街,略呈长方形。子城有城墙、城门和护城河。子城的城墙建筑比较考究,中间由从异地运来的泥土夯筑,内外两边再用青砖包砌而成,城墙宽约4.8至6米,城墙外有5米左右宽的护城河环绕。

今三江口

鼓楼步行街

它山堰

唐太和七年（833年），山东琅琊人王元㬚出任鄮县县令。他廉洁奉公，经过周密勘察，率众于它山旁樟溪出口处修建了它山堰，变水患为水利。

它山堰建筑精密、结构完整、规模宏伟，匠心独运，可以和都江堰媲美。堰全长134.4米，高约3.05米，宽4.8米。堰面全部用条石砌筑而成，堰身为木石结构，有逾抱大梅木枕卧堰中，历千余年不腐，被称为"它山堰梅梁"。它山堰堰体倾斜度、黏土夹碎石层、堰体平面布局以及多级护理消能防冲方式，创造了我国古水利工程的奇迹。其中前两项为全国古水利工程之首创，比国外同类技术的运用早200多年。

它山堰建成后，发挥了巨大的作用，上游的水被堰阻拦，流入南塘河，使鄞州西部七乡20余万亩农田得以灌溉。遇到洪涝时节，上游洪水漫过堰面注入奉化江，过甬江入镇海口泻入大海，可减轻鄞州西部涝情。既能抗旱泄洪，又能调节进入南塘河的水流量。历经一千余年风霜雨雪和洪水冲

第三章

河海交汇·隋唐五代

它山庙前片石留香亭

击,它山堰至今仍基本完好,继续发挥阻咸、蓄淡、排涝灌溉功能,充分显示了古人的智慧。

它山堰旁有座纪念王元𬀩的遗德庙,始建于五代,民间称它为它山庙,庙内有王元𬀩和十兄弟塑像。庙前有"片石留香"碑亭,记述王元𬀩的功德。传说奠基时水流湍急,打下去的一根根作坝基的树桩,第二天就被冲走了,连续打了几次都没有成功。正在为难之时,来了一位白胡子老人,他说只有用人血木桩才能把堤坝筑牢。为了家乡人民能安居乐业,十个年轻人勇敢地站了出来,他们相互敬酒,自愿结成十兄弟。他们一个个下水,挺身而立,一根根木桩从他们的头顶穿过胸膛牢牢地钉入湖底,鲜血顿时染红了湖面……牢固的人血木桩打成了,接着人们在木桩上面铺上了一块块平整的石板,一道长堤终于筑成。它山庙历经兴废,1993年重建,现被辟为浙东水利纪念馆。

伟哉它山堰！它在水利上的贡献，它所蕴涵的人文精神永远泽被后世。2015年,它入选成为世界灌溉工程遗产。

唐乾宁五年(898年),明州刺史黄晟又筑了罗城。唐末,地方势力割据混战,鄞县人黄晟,虽然身材矮小,但作战勇猛。他招文士,纳贤才,灭邻寇,重置浮桥,修筑罗城(外城),保境安民。罗城周围长2527丈许,计18里,从文献记载和考古发掘都证明,唐代罗城呈梨形,北面沿姚江筑城墙,西、南两面沿运河而筑。罗城与子城相比,面积至少大20倍,从而奠定了古代宁波的城市空间形态。黄晟被众人拥戴为明州刺史(另一说自称刺史)。在宁波,还流传着他桃花渡斩蛟龙的故事。据传宝剑失落后,他心急之下抓菖蒲为剑,舍命斩蛟。宁波人至今有端午节挂菖蒲的习俗,其中一个原因就是为了纪念这位勤政爱民的刺史。

"风光胜绝古明州",而这风光后,是一个个伟岸的身影和保境安民、造福一方的信念。

| 海丝古港 |

海船齐趁暮潮来

　　唐朝的经济文化空前繁荣,声威远扬,对日本和世界各国都有巨大吸引力。从公元 7 世纪初至 9 世纪末约两个半世纪里,日本先后十几次向唐朝派出遣唐使团。其次数之多、规模之大、时间之久、内容之丰富,可谓中日文化交流史上的空前盛举。

　　唐代,明州与扬州、广州为三大港口。由于地理位置优越,在向一衣带水的邻邦传播文化,尤其是佛教文化的过程中,明州港的地位举足轻重。从文化角度看,把鉴真请到日本,是遣唐使的一大贡献。鉴真渡海,前五次均告失败,第六次才得以成功。唐代明州首次接待的中日文化交流使者是鉴真和日僧荣睿、普照一行。唐天宝二年(743 年)底,鉴真第二次东渡,遭遇暴风,在明州上岸,被安置到阿育王寺,当时该寺称作会稽山鄮县塔。鉴真到达鄮县后,遍游阿育王山,见到了鄮山东南岭石上的佛足迹、圣井等。后鉴真又数次到过宁波,在阿育王寺、奉化白杜、宁海白水寺等地留下了足迹。宁波是鉴真东渡日本和把浙东文化东传日本的重要港口。鉴真与明州阿育王寺的因缘，成为日本佛舍利信仰的源头，为日本佛教注入了新的成分。同时，阿育王信仰也使宁波与日本佛教产生了机缘，此后交流频繁。

唐代在长安留学和在各地学法的日本学问僧中，有相当一部分是从明州登陆奔赴各地的。仅会昌二年（842年）至咸通六年（865年）的23年间，登陆明州的学问僧就有惠萼、圆珍等几十人。

惠萼，在中日文化交流史上，留下了浓墨重彩的一笔。从841年至863年的二十多年间，惠萼一直往返于中日两国。他的事迹散见于各种史料。仅清代以前，文献记载他的事迹多达62处。近年来，最新研究表明，惠萼至少五次入唐，返回日本五次，除第一次从山东上岸，其余往来大唐，均从宁波口岸进出。今天的普陀山是闻名天下的观音道场，那里有"不肯去观音院"，里面的观音像与惠萼密切相关。对此，《宝庆四明志》卷十一有条载。唐大中十三年（859年），惠萼来唐，登五台山，于中台精舍迎归观音像。在请佛之后，中途狂风大作，浊浪排空，便歇下船，住在一个小岛上。但之后只要船一航行，就波涛汹涌，天昏地暗。他觉得是观世音不肯入住日本，便在那个岛（现普陀山）上建了一座观音庙，将九华山请来的观世音安置在里面，也就是现在的"不肯去观音院"。

不仅是文化交流，唐代明州的海洋商业也得到了长足发展。起源于六朝的运河，经过隋唐的疏通和整合，全线贯通。同时，上林湖的青瓷烧制技术也有了突破，宁波的海上丝绸之路因此日趋繁荣。9世纪上半叶，以唐朝商人、新罗商人、渤海商人和日本商人为主的海上贸易商团开始崛起。"万里之舶，五方之贾……不可数知"，在宁波口岸，聚集了大批的海商。张支信就是这个时期海商的代表人物，惠萼回日本，坐的就是他的船。他还曾出现在记录日本头陀亲王入唐的《头陀亲王入唐略记》里。

唐玄宗开元间（713—741年），广州即设有市舶使，为市舶司前身。市

月湖畔高丽使馆遗址

江厦公园里的来远亭遗址

舶司管理海上对外贸易，相当于海关。宁波唐时没有市舶使，但在唐晚期建造罗城时，在东渡门和灵桥门外面的奉化江边上留出了一块空地，用作船舶码头区，当时来此的国内外商船已十分频繁。到了北宋，明州海外贸易地位益显，成为与广州、泉州并列的三大市舶司之一。1995年，宁波市文物考古研究所对东渡路原宁波冷藏公司所在地块的宋元市舶司遗址进行了发掘，出土器物百余件，清理出市舶城门段及北宋、元市舶司（务）仓库地坪、水沟等遗迹，挖掘出来的面积很大。由此可以想象，那时候江厦国际码头海外杂国贾舶交至，桅樯林立。高丽使馆内迎来送往，宾客如云。现在江厦公园内还有来远亭遗址，那是外来商船办签证的地方，是明州"海上丝绸之路"出入舶货的历史见证。如今，"来远亭"仍然十分醒目，南、西、北三面有水池，一泓碧水，掩映在绿树中，它静静地注视着这个车水马龙、日新月异的城市。

| 弥勒圣地 |

好句真传雪窦风

"不到雪窦为平生大恨!"900多年前,苏东坡发出了如此慨叹。

雪窦山被誉为"四明第一山",是中国五大佛教名山之一,是弥勒佛的道场。它位于奉化溪口镇西北,为四明山支脉的最高峰,海拔800米,有"海上蓬莱,陆上天台"之美誉。整座山纵横数十里,主峰叫乳峰,乳峰下面有一个石洞,洞内喷出来的泉水如雪似乳,所以称雪窦或乳窦,"雪窦山"的名称即由此而来。

雪窦山文化底蕴深厚,历代摩崖石刻随处可见。对于雪窦山,历代皇室、官府施以厚爱,文人墨客心仪神往。唐明州刺史黄晟,曾为雪窦寺舍田1300亩,置宝丰庄。据传,古迹"应梦名山"是因为北宋仁宗皇帝赵祯梦中到此一游而得名。后理宗皇帝赵昀追书"应梦名山"。历代文人,如贺知章、陆龟蒙、王安石、李清照、邓牧、王阳明、黄宗羲、袁枚、郭沫若、钱锺书、丰子恺……都朝着这清逸幽远的名山行进,留下无数诗文墨宝。山中有一刻石"无我",是近代民主革命家黄兴游历时留下的,文中之意应该是他以身许

走读宁波

奉化溪口雪窦山风景区千丈岩

第三章

河海交汇·隋唐五代

国、忘我精神的真实写照。

雪窦山景区以雪窦古刹和千丈岩瀑布为中心,东有五雷、杪椤、东翠诸峰,西有屏风山,南有天马、翠峦,西南有象鼻峰、石笋峰、乳峰,中间是一片广阔的平地,阡陌纵横,风景如画。林泉溪石、古刹亭桥、飞瀑锦镜,移步换景,美不胜收。在徐凫岩观瀑,在妙高台吟风,清幽逍遥如入仙境。

雪窦寺,创于晋,兴于唐,盛于两宋,至今已有1700余年历史,五毁五建,历经沧桑。千百年来,高僧辈出。历代史料确记的48位住持中,最让后世疑惑的是唐代的开山鼻祖常通禅师,纷传他是兵败遁入空门的起义军领袖黄巢。而最令后世景仰的是五代末期的智觉延寿、宋初的明觉重显和近代的太虚大师这三位大德高僧。是他们,使得雪窦寺香火不断,佛缘广泛。

雪窦寺历史既久,宗风远播。宋朝时已名列"天下禅院五山十刹"之一,明朝时位居"天下禅宗十刹五院"之一,在佛教史上居于重要地位。历代皇帝,屡颁宠典;名士所赠,亦复不少。今寺内有大量珍贵文物:御赐玉印,御赐玉佛,大清龙藏,御赐龙钵、龙袍和袈裟等等。

雪窦寺山门上的题字"四明第一山",是蒋介石亲笔所书。蒋介石从小受母亲王采玉影响,崇佛尚佛,对家乡的雪窦寺自有一份情结。1927年8月,蒋介石第一次下野,来雪窦寺拜佛求签,当他抽到"飞龙升天,腾骧在望"的上上签后,十分高兴,马上在雪窦寺住了11天。其间方丈朗清邀他题写山门匾额,他欣然应允。西安事变后,张学良的第一

雪窦寺弥勒大佛像

个软禁地,就是在这雪窦山。

　　雪窦寺的弥勒宝殿为天下寺庙所独有,面阔七间,重檐歇山式,黄色琉璃瓦覆顶,气势宏伟,金碧辉煌。殿正中,供着布袋和尚像,高五米,端坐于青田石雕九龙图案之须弥座上。

　　雪窦寺后山海拔369米的山坡上,有露天弥勒大佛。大佛造像总高度为56.74米(其中铜制佛身33米,莲花座9米,基座14.74米),整座大佛用500多吨锡青铜制造而成,内部有1000余吨钢架支撑,与整个岩体连成一体,稳固坚实,宏伟壮观,气势非凡,是全世界最高的坐姿铜制弥勒大佛造像。弥勒大佛袒腹屈膝,笑容满面。殿壁两侧彩塑姿态各异之千尊弥勒小像,以中国五大名山为背景,别开生面,令观者耳目一新。

第三章

河海交汇·隋唐五代

雪窦寺全景

弥勒在民间的化身是唐末五代的布袋和尚。布袋和尚,五代后梁高僧,明州奉化(现奉化区)人,号长汀子。他体形肥胖,袒胸露腹,笑口常开,一脸喜感,而且他幽默风趣、聪明智慧、乐观包容,深受人们爱戴。因"上契诸佛之理,下契众生之机",故这和尚又名"契此"。早年在奉化岳林寺出家,最爱游奉化雪窦,后在雪窦寺弘法,雪窦山由此被尊为"弥勒圣地"。

由于契此的形象通常为面带笑容、手提布袋,有和气生财、累积财富的意味,民间也有将其视为财神供奉的。在日本,人们把布袋和尚作为七福神之一。

第四章

人文其昌

| 王安石治鄞 |

不畏浮云遮望眼

宋庆历七年（1047年），26岁的王安石从开封一路南下，来到东南滨海的明州鄞县，担任知县。入仕后第一次独当一面，他要治理这个山海之间的穷县。

王安石一到，便进行详细的调查研究，很快就抓住了鄞县的命脉。鄞县之地，跨负江海，没有水患之忧；但是山水不能储蓄，河川湖泊淤塞严重，所以百姓最怕干旱之灾。因此兴修水利、储蓄水源，是鄞县农业生产和人民生活的根本。

他马上组织民工兴修水利，疏浚河渠湖泊。十三天时间里，他马不停蹄地跑遍了鄞县东西十四个乡。他写下《鄞县经游记》，详细记述了他在鄞县各地考察、动员乡民疏浚河渠并得到乡民积极响应的情形。

唐代明州刺史吴谦在城西筑九里堰，有善政，郡民歃血祀之。王安石特地到吴刺史庙去奉祀，写下一首诗："山色湖光一样清，桑麻谷粟荷君情。至今民祀年年在，莫负当年歃血盟。"以此怀念前辈也激励自己。

走读宁波

鄞县东乡有东钱湖，西乡有广德湖，皆为浙东大湖，但当时葑草蔓生、淤积严重。王安石组织十万民工对两湖进行大力疏浚，除葑草，浚湖泥，立湖界，置碶闸、陂塘，筑七堰九塘。全面整治后的东钱湖，"七乡邑受沾濡"，"虽大暑甚旱，而卒不知有凶年之忧"。

王安石还在政务方面进行了许多改革。如在青黄不接的春季，把县府粮仓中的存粮借贷给乡民，到秋收之后，乡民只需加纳少量利息偿还。这样农民能度过粮荒，避免地主的重利盘剥，而官府的存粮也能保证新鲜。这个"贷谷与民，出息以偿"便是他日后变法的一项重要内容——青苗法。

鄞县成了王安石变法的一块试验田，并且成效显著，为日后革新变法积累了宝贵的经验。多年之后王安石任宰相，制定了一系列的新法，将他

东钱湖风光

第四章
人文其昌·两宋

在鄞县时行之有效的办法,更系统、更全面地推行于全国,这就是历史上有名的"王安石变法"。

王安石在鄞县三年,做了三件大事。除了大兴水利和政务改革,还有一件大事便是兴办县学。

当时鄞县没有县学,而邻县慈溪早立县学。王安石到鄞县后,羡慕慈溪文风,创建了鄞县县学。他还多次写信聘请明州"庆历五先生"中的杜醇、楼郁、王致、杨适等人来鄞县任教。

王安石创办鄞县县学,对宁波文化的影响不可估量。有人说:王安石在鄞县一千天,影响宁波一千年。百年后"甬上第一状元"张孝祥名世,宁波三江流域产生了近3000名进士和12位状元。而在学术上,从南宋的杨

简到明清的王阳明、黄宗羲、朱舜水延至清代的万斯同、全祖望，三江流域犹如一只巨大的文化摇篮，哺育了中国学术史上著名的浙东学派，产生了一批中国早期民主思想的伟大启蒙者。

"山根移竹水边栽，已见新篁破嫩苔。可惜主人官便满，无因长向此徘徊。"短短的三年任期就要满了，王安石又在西亭徘徊吟诗。他在县治的后圃筑了西亭，在此栽种了许多花竹，公务之余常来这里读书、散心。而他在鄞县最舍不得的地方，还不是西亭，而是离西亭不远的祖关山。那里，葬着他的爱女。

王安石到鄞县后不久，就生了一个女儿。聪颖可爱的女儿一岁零两个月时，病重而殇。王安石把女儿下葬在宁波南郊祖关山的崇法院下。他写了一篇墓志，伤心地说道："吾女慧异甚，吾固疑其成之难也。噫！"

离开鄞县前的一个夜晚，他驾一叶扁舟来到女儿坟头。他喃喃地念道："行年三十已衰翁，满眼忧伤只自攻。今夜扁舟来诀汝，死生从此各西东。"

古礼五十始称衰，而王安石三十言衰。这是一个诗人情绪的夸张，还是因为天地人世间的忧伤实在太深了？女儿的夭折，是不是让忧国忧民的他陡生"吾道独难行"的千古嗟叹？就这样，王安石把他心爱的女儿永远地留在了宁波。王安石称女儿为"鄞女"，鄞县的百姓为之建了鄞女亭。

王安石离开鄞县回临川故乡，路过杭州时，登上西湖灵隐寺旁的飞来峰。站在飞来峰上佛塔的最高层，极目远眺，豁然开朗。他吟道："飞来山上千寻塔，闻说鸡鸣见日升。不畏浮云遮望眼，自缘身在最高层。"他志存高远，显得那么豪迈而坚定。

多少年之后，他变法革新的宏伟蓝图，他再造汉唐盛世的雄心壮志，都已尘埃落定。秦淮河畔衰老苍凉的王安石，突然得知鄞县百姓为纪念他，在县舍的西亭边建造了一座经纶阁（生祠），又是何等的慰藉。

忠应庙,俗称王安石庙

王安石庙内景

东钱湖碧波

离开鄞县后，王安石再也没有回来过。但是，鄞县没有忘记他。到清嘉庆年间，东钱湖百姓在下水村建了一座忠应庙，俗称王安石庙。他留下的海塘、湖堤、河碶，他留下的碧波万顷的东钱湖，他留下的县学门舍，无不向一代代后人讲述着他——一个胸怀大志、脚踏实地的为民之官。

| 自然月湖 |

平湖拍岸海潮通

见过无锡太湖、南京玄武湖、武汉东湖、济南大明湖、杭州西湖这些大湖的人,面对宁波月湖的一泓碧波,往往叹其小,难以产生"湖"的烟波浩渺之感,更会误以为其无以涵蕴深厚的人文历史。

那就错了。水不在深,有龙则灵。宁波月湖,千年以来,蟠踞在城市的中心,犹如宁波的龙脉,灌饮着这座城市的生活,更养育了这座城市的精神。

史前的月湖,应是一处海迹湖泊,蛮荒中枯盈。东晋后,月湖周围人口渐聚,农田成片。唐太宗贞观十年(636年),鄮县令王君照第一次修湖,便是为了解决居民生活和生产用水。唐长庆元年(821年),明州刺史韩察修筑了子城。子城就在今天鼓楼周围,城门即现在的鼓楼,就在月湖附近,宁波至此建城。12年后,鄮县县令王元暐在鄞江兴修它山堰,引流入城,储蓄于月湖,大大利于居民用水。唐末明州刺史黄晟修筑罗城。以月湖为中心,州城形成"一湖居城中"的格局。吴越国时,郡守钱亿疏浚月湖,开辟洲岛,基本形成今天月湖的自然风貌。

月湖由一处野湖,逐渐成为水利之湖,成为宁波百姓生产与生活的命

脉。灌溉农田的流水声、牛马声、渔船桨声、提水声、湖埠头的砧声、市声、宴饮声、社戏声、龙舟箫鼓声,可绘一卷宋代宁波的"清明上湖图"。

1195年,宋宁宗即位,年号"庆元",改明州为庆元府。南宋嘉熙元年(1237年),吴潜第一次到宁波任知府兼沿海制置使,是年45岁。宝祐四年(1256年),他第二次担任宁波地方长官,这时的他已是64岁高龄。吴潜主政宁波期间,在文化教育、城建交通、慈善惠民方面有许多举措,有效地推动了宁波社会经济的发展。他非常重视水利建设。宁波城处三江平原,水系发达,被人们形象地归纳为"三江六塘河,一湖居城中"。作为运河城市和海港城市的宁波,水文观测尤为重要。

宁波初夏梅雨绵绵,夏秋有时暴雨如注,河水突涨突落。吴潜为控制宁波各地水闸的开启和闭合而焦心:提前放闸就会浪费水资源,而延迟泄放又可能造成水灾。一日,他坐船到城外视察水情,忽然灵机一动:城外的

月湖鸟瞰图

第四章
人文其昌·两宋

河流与城内的河流沟通，城外和城内的水位应该在同一平面上，从子城边上的月湖，就能察知平原各处的水位。于是，他在月湖北平桥下设水则碑。石碑立水中，上刻一个"平"字。水涨没"平"字，表示到了水位警戒线，要开闸放水；而整个"平"字露出来，表示要关闸蓄水。

这座水则碑是我国城市古水利遗存中仅有的水文观测设施，代表着古代宁波的水文科学，是中国水利科技史上的重要发明，堪称中国最早的水文观测站。

吴潜是中国水利工程史上的奇才。他不但发明了水则碑，还在宁波主持修建了6座水闸、6条堰坝，治理了46条河道。兴修水利工程的数量和规模，历代无人能及。尤其是他开挖慈江中段的管山江，又在慈江与姚江之间挖通一条直河刹子港，建成过船坝小西坝，隔江与鄞县高桥的大西坝对接。这样来去宁波的船只，可以不走水流湍急的潮汐江姚江，而是走平

走读宁波

月湖一景

平字水则碑

月湖风光

稳的刹子港和慈江。吴潜的水利设施,今天已经和中国大运河一起成为世界文化遗产。

唐秘书监贺知章曾游息月湖。月湖柳汀在南宋绍兴年间建有"逸老堂",祀贺知章。吴潜重修"逸老堂",刻李白像与贺知章同祀,并作《重建逸老堂记》。"倚舵秋江浒,明日片帆轻",在任满离开宁波的前一天,吴潜坐船来到逸老堂。他凝望秋光中的月湖,回想自己的一生,曾高中状元,又贵为宰辅,衣锦光荣,总是难忘百姓、祈愿丰登。

吴潜在很多地方做官,都颇有建树。但是他为人忠直,因而惹得皇帝不悦,也得罪了一干小人,后来被理宗贬谪,又被贾似道心腹刘宗申毒害。直到南宋德祐元年(1275年),宋恭帝赵㬎为吴潜昭雪,追复原官,赠封少师。

| 人文月湖 |

谁把江湖付此翁

苍天终于把月湖交给了钱公辅。

到了北宋，随着经济的发展，宁波城内的人口大为增加。仁者乐山，智者乐水，月湖的一泓碧波，从开始的水利之用，慢慢移向精神的需求。北宋天禧五年（1021年），明州刺史李夷庚委僧人蕴臻，在月湖中建了憧憧东、西两桥，就是今天柳汀的陆殿桥和尚书桥。但此时的月湖，仍如舒亶《西湖记》中所说，"僻在一隅，初无游观，人迹往往不至"。直到40年后的嘉祐年间，钱公辅来任明州郡守。

"风月逢知己，湖山得主人"，钱公辅心仪杭州西湖，立志开创月湖景观。他对月湖作了大规模整修，用泥沙堆积成偃月堤，并取孟子"独乐不若众乐"之意，在憧憧两桥间建造了众乐亭，周围遍植花木。钱公辅高兴地说："众乐亭居南湖之中，南湖又居城之中，望之真方丈、瀛洲焉。以其近而易至，四时胜赏，得以与民共之。"从此每年春天，城中居民或步行或船行，携来肴酒管弦，徜徉岛堤之上，穿行杨柳桃花之中，流连忘返。

月湖春色

众乐亭落成,钱公辅欣然提笔,写下迄今可见的第一篇吟诵月湖之诗:"谁把江湖付此翁?江湖更在广城中。葺成世界三千景,占得鹏天九万风。宴豆四时喧画鼓,游人两岸跨长虹。它年若数东南胜,须作蓬丘第一宫。"他邀请许多文人官员唱和,王安石、司马光等纷纷和诗,月湖盛极一时。钱公辅倡导的众乐亭唱和,开创了月湖吟咏的一代文风。月湖自此成为人文之湖。

月湖又交到了刘淑和刘珵手上。

宋元祐八年(1093年),郡守刘淑利用岁旱疏浚月湖,"增卑培薄,环植松柳,复因积土广为十洲,湖遂大治"。过了几年,郡守刘珵趁湖水干涸,再一次浚治堙塞,补葺废坠,湖上之景为之一新。刘珵以十洲景物特色一一为

走读宁波

月湖雪景

第四章
人文其昌·两宋

之取名：花屿，芳草洲，柳汀，竹屿，烟屿，芙蓉洲，菊花洲，月岛，雪汀，松岛。十景即成，刘珵诗兴大发，唱《咏西湖十洲》，舒亶、陈瓘等欣然唱和。自嘉祐年间钱公辅的众乐亭唱和之后，月湖又一次迎来赋咏盛事。

是谁又把月湖交给了史浩？

清代出生于月湖烟屿的"史学大柱"全祖望，在《湖语》中说："谁移洞天，跨湖为薮。曰惟史氏，十据其九。"这"史氏"便是"一门三丞相，四世两封王"的南宋史浩一族。

史浩是东钱湖下水村人，贵积三朝，两次拜相。宋孝宗时，他上表岳飞冤案应予昭雪。于是孝宗下旨，沉冤已久的岳飞得以平反。后来东钱湖百姓在湖畔建了一座岳庙，以纪念精忠报国的岳飞，也纪念仗义直言的史浩。史浩告老还乡时，建府第于月湖菊花洲，后称越王府。又在菊花洲建宸奎阁，藏两朝皇帝题字、诏书。在月岛建花果园庙。朝廷又将月湖竹洲赏赐

月湖风光

月湖芳草洲

给他,筑"真隐馆"。馆内垒石为山,引泉为池,模仿四明山峰的景致。孝宗亲笔御书"四明洞天"相赠。一日,陆游来游四明洞天。史浩在朝廷为相时曾举荐陆游,故人来见,史浩甚为高兴。清波明月,俩人欢谈到深夜。

史浩在月湖的日子如仙家般逍遥,品茶看花,吟诗听曲,饮酒会友,游湖赏月。最热闹的,便是观看月湖的龙舟竞渡,"忽见波涛喷激。苍烟际,双龙起为勍敌。桂楫拨云,鼍鼓轰雷,竞夺锦标千尺"。

一百五十年间,史氏尽占月湖。月湖芙蓉洲的衮绣桥旁,有史浩三子史弥远的府邸,理宗赐名"观文府"。史弥远之子史宅之也为理宗赐第湖上。史浩长子史弥大建宅于湖东菊花洲,四子史弥坚在月湖东、北均建有府第。史家的楼台亭阁、树木花卉,遍及月湖内外。

第四章
人文其昌·两宋

史浩极重儒学。朱学、陆学及永嘉之学三派的创始人朱熹、陆九渊、叶适,都为他所推荐,受朝廷任用。史浩割竹洲之宅,请沈焕、沈炳、吕祖俭设堂讲学,后人称"竹洲三先生"。又请陆学重要人物杨简到家中讲授,其子史弥远受其教。在史氏倡导下,著名的"淳熙四先生"在月湖各开讲院,月湖成了陆学的中心。

史守之为史浩长孙,官至朝奉大夫。由于不满叔叔史弥远专权朝政,辞官回里,数诏不赴。史守之先住在祖父构筑的竹洲上读书赋诗,后在芳草洲上建藏书阁,与月湖之南的楼钥藏书楼并称"南楼北史"。宋宁宗闻史守之事迹,赐御书"碧沚"。史守之死后,藏书万卷的碧沚楼由侄子史文卿继之,他在书楼南筑石室,名为"山泽居"。

两宋之时,月湖之上,显宦名流宅第星布,书院、藏书楼次第蠹起,诗社雅集,弦歌不绝。"里为冠盖,门成邹鲁",明州之学术、文学皆荟萃于月湖,小小一湖,人文鼎沸,蔚为奇观。

| 天童佛光 |

青山捧出梵王宫

大宋的一个春天,鄞县令王安石又来到天童寺。他喜佛亲禅,常去宁波各地寺院,谈禅赋诗。刚到鄞县任职,下乡考察时,他就到过天童寺。春天的天童道上,绿桑如云,古松参天,青山中一座古刹来到眼前。他写下一诗:"山山桑柘绿浮空,春日莺啼谷口风。二十里松行欲尽,青山捧出梵王宫。"

北宋时,天童寺已成为禅宗名刹。元丰八年(1085年),天童寺住持惟白禅师接到诏令,要他去宫中为神宗皇帝说法。惟白是云门宗大师,主持天童寺后使天童声名远播。他入宫宣扬禅法,甚受三代皇帝推崇。他又撰写了《建中靖国续灯录》,进呈徽宗皇帝。徽宗大悦,亲自为书写序,入宫收藏。惟白是云门宗最后辉煌的代表。天童寺更大的辉煌,交给了曹洞宗和临济宗。

南宋建炎三年(1129年),金兵追击逃亡到明州下海的宋高宗赵构,冲进了天童寺。发现一位高僧正襟危坐,口诵经文,毫无惧色。金兵恍惚看到高僧的头顶似有佛光笼罩,大为恐慌,急忙退出。这位高僧,正是天童寺

第四章
人文其昌·两宋

夕照天童

住持宏智正觉。

正觉禅师是"天童中兴之祖"。他大兴土木,扩建寺院,修筑万工池、天王殿、佛殿、法堂等,奠定了今天天童禅寺的大格局。他的伟大更在于对禅宗发展的贡献。他在曹洞宗法中又发展出"默照禅",把曹洞宗推向新的高峰。

南宋绍兴二十七年(1157年),正觉预感大限将至,写下一偈:"梦幻空花,六十七年。白鸟烟没,秋水连天。"他给主持杭州径山能仁寺的大慧宗呆写信，恳请宗杲为自己主持后事。宗杲是临济宗大师，曾主持离天童寺十数里的阿育王寺。两位高僧虽传宗不同，却都有崇高的人格与道风，相互仰慕，私交甚笃。宗杲立刻星夜兼程赶到天童，为正觉料理后事。他悲痛地对众人说，宏智正觉禅师圆寂，"法幢摧，法梁折，法河干，法眼灭"。

南宋嘉定九年（1216年），大慧宗杲的法孙浙翁如琰主持天童寺，临济宗大盛于天童。浙翁的同门师兄弟天目文礼和无际了派都是著名的高僧，都先后主持过天童寺。浙翁的许多弟子也都成了著名的禅师，日后也都先后主持过天童寺。浙翁最著名的弟子，当推大川普济。普济编纂了禅宗著名灯录《五灯会元》，对后世禅学影响巨大。

宝祐四年（1256年），禅宗五山之一的天童禅寺遭遇大火，所有建筑毁于一旦。郡守吴潜急报朝廷，望有一位高僧前来主持天童寺的重建。别山祖智来了，他"缚茅以居，风餐露宿，粝食以充，从不告劳"，只用了不到三年的时间，使天童"宇殿像设，轮焕一新"。这堪称佛教史上的一个奇迹，于是明州百姓都尊称他为"智天王"。

别山祖智是雪窦山无准师范门下。无准师范有"南宋佛学泰斗"之称，是临济宗杨岐派第九代祖师。别山祖智之后，连续七位天童寺的住持，都是无准师范的门生。这么多临济宗杨岐派的高僧主持天童，一时"杨岐风炽"。从天童寺，可以看到中国禅宗到后来独盛临济，临济宗成为中国禅宗影响最大、流传最久的宗派。

南宋乾道四年（1168年），日本僧人荣西登陆明州。他

第四章

人文其昌·两宋

东南佛国天童寺全景

天童寺佛殿

参谒了天台、育王、天童等禅宗名刹,得到多位高僧指点。二十年后,荣西再一次登明州入宋,在天童禅寺跟从业师虚庵怀敞学禅。虚庵主持天童寺,为临济宗十五世大师。他被荣西二度入宋求法的虔诚所感动,诗赠荣西:"海外精兰特特来,青山迎我笑颜开。三生未丰梅花骨,石上寻思扫绿苔。"荣西跟随虚庵学禅五年,在虚庵的悉心启示下,荣西尽心钻研,苦苦参究,终悟心要,得虚庵禅师印可,成为临济宗第十六世传人。宋孝宗特赐法号"千光法师"。

绍熙二年(1191年)秋,荣西学成归国。他在日本广倡禅法。在博多建立了圣福寺,创始日本禅寺。他又到镰仓创立寿福寺,传临济宗法,被尊为日本临济宗创始人。在荣西的影响下,大量日僧相继入宋求法,形成了

第四章

人文其昌·两宋

天童寺天王殿

中日佛教文化交流继唐朝后的第二次高峰。

荣西告别天童时，虚庵禅师正准备重建千佛阁，苦无巨木为梁柱。荣西回国后，特地从日本运来巨木。楼钥在《千佛阁记》中记下这个场景："果致百围之木若干，挟大舶泛鲸波而至焉。千夫咸集，浮江蔽河，辇至山中。"荣西运木助建千佛阁，一时传为佳话。

南宋嘉定十六年（1223年），明全禅师入宋求法，希玄道元跟随前来。道元是村上天皇后裔，14岁出家为僧。他慕名拜荣西为师，可惜第二年荣西圆寂，他又随荣西弟子明全参禅九年。他们参拜了天童、育王，祭扫了天童寺外虚庵怀敞祖师的墓院。道元离开天童到各地寻访名师，总感不满，于是又返回天童。天童寺住持如净禅师收他为嫡传弟子。

长翁如净是曹洞宗第十三代传人。在他之前,天童寺连续十三位住持都传临济宗,如净到来,天童禅风又一变,再举曹洞宗法。他传承了宏智正觉的默照禅,并将之发展。道元随侍如净身边三年,潜心学习曹洞宗法,终于开悟。

绍定元年(1228年),道元回国。他依照大宋禅寺特别是天童寺的建筑风格,建了兴圣宝林寺,第一次按中国禅寺仪轨开堂说法。又建成吉祥山永平寺,为日本曹洞宗的传法中心。道元成为日本曹洞宗的开山祖师。日本曹洞宗发展至今,已经成为拥有16000多座寺院的大宗派,其信徒多达900余万。日本曹洞宗的祖庭,正是天童寺。

如净和道元分别时,意味深长地告诫他:"只居深山幽谷,接得一个半个,勿令吾宗致断绝。"道元至死不忘。

| 保国寺之谜 |

个中好处不容参

1954年夏,南京中国建筑研究室的三位学生——戚德耀、窦学智、方长源组成实习小组,调查杭州、绍兴、宁波一带的民居及古建筑。7月30日,他们来到慈城,听文教科的一个科长说,离城五公里的洪塘灵山,有一个古建筑,是唐代的"无梁殿"。他们非常惊奇,如果这是真的,那建筑史就要重写了。于是他们赶过去探查。

他们兴冲冲地向山上走去。这时天阴将雨,雾气蒙蒙,像一幅氤氲的国画。不久雨越下越大,他们直奔进山岙里一座荒废的寺院。在大雨中推开保国寺大殿殿门,三人顿时被眼前的景象惊呆了。

硕大的白色斗拱,像宋代的东西。四根柱子是瓜棱柱,这种柱子只有宋代有。然后看到藻井,他们第一次看到这么漂亮的藻井。

他们马上对大殿进行绘图、拍照。细心的窦学智在大殿须弥石座背面发现了几排模糊的石刻字迹。清理掉表面的灰尘,一篇《造石佛座记》出现在他们面前。石刻中说到一位"夏十一娘",而只有在北宋年间才会对女子有这种称谓；石刻尾部日期赫然刻着"崇宁元年"，这是宋徽宗的年号。这真的是北宋建筑吗？三人不敢轻易下结论，决定带着所有资料返回南京。

回南京后，他们把照片拿给老师刘敦桢教授看。刘先生是著名的古建筑学家，一看非常兴奋，说你们马上出发，把它测绘下来，我看这个至少是元代的。

几天以后，戚德耀一行三人返回保国寺，开始对保国寺大殿做详细的测绘。他们发现了镶嵌在寺院东墙上的保国寺寺志碑，明确记载大殿建造于北宋大中祥符六年（1013年）。

唐代的无梁殿没有找到，却无意间撞见了一座宋殿。保国寺是中国现存最古老的木结构建筑之一，也是我国江南地区幸存的最古老最完整的木结构建筑。1961年，保国寺被列为第一批全国重点文物保护单位。

宁波向称"东南佛国"，寺庙林立，名刹众多，而藏于山腹的保国寺寂寂无闻。千年之后却因一座宋殿而蜚声海内外。

保国寺位于灵山。相传在东汉世祖时，骠骑将军张意和他的儿子中书郎张齐芳隐居此山，因而此山又名骠骑山。他们死后，其宅舍便被建成了寺院，名为灵山寺。

唐武宗会昌五年（845年），诏毁佛寺，史称"会昌法难"，灵山寺被废。直到唐广明元年（880年），黄巢起义军逼近长安，唐僖宗祈求一种神奇的护国力量，于是下旨复寺，并赐名"保国寺"。

宋真宗大中祥符四年（1011年），僧德贤"复过灵山，见寺已毁，扶手长叹，结茅不忍去"。两年后的1013年，德贤"来主寺事，弟德诚与徒众……鸠工庀材，山门大殿悉鼎新之"。

德贤尊者这个设计和建造者，在给后人留下这座杰作的同时，无意中也留下了一个千古之谜。

保国寺

　　保国寺背靠鄮山，左边是象鼻峰，右边是狮子岩，面对太白山，坐落在一个狭窄的山岙里。宁波地区台风较多，保国寺三面山峰虽不高大也不奇异，但正好能挡住台风侵袭，使大殿吃不到风。这是一个绝佳的位置。

　　寺庙建在三层台地之上，古木掩映，溪水潺潺。沿中轴线拾级而上，北宋大殿是寺内主建筑，最能代表保国寺建筑技艺。宋代出版的我国最早的建筑学法典《营造法式》里，许多建筑规范与保国寺的建造吻合。

第四章

人文其昌·两宋

保国寺一碧涵空

　　殿内每一处建筑构件都蕴含了丰富的历史信息。抬头细看大殿的藻井，复杂程度令人惊叹。全部结构不用一枚钉子，全凭精确的榫卯使斗拱巧妙衔接，将建筑物的构件牢牢地固定在一起，承托起整个殿堂屋顶50余吨的重量。

　　大殿里的柱子，尤其是前内柱，都不是垂直的，而是与地面保持一定角度，由四周向中心倾斜。这是出于建筑稳

107

固的力学支撑需要，是为了能更好地承重。这些柱子的外观形同南瓜，因而又被称为"瓜棱柱"。这种瓜形并不是整柱雕刻出来的，而是由木材拼合包镶形成。因大殿承重需要，如果选用整柱，必须得用直径超大的坚固木材才行。但一根大木柱外面包上八根小木柱，或者四根大木柱包镶四段拼合木，作用便能等同于整柱。

保国寺大殿还被称为"无梁殿"。其实大殿原来供无量寿佛，故叫"无量殿"。当地百姓见大殿上只有一个顶，看不到梁，就以为它叫"无梁殿"。外表看起来像是没有大梁支撑的大殿，其实在前槽天花板上，巧妙地安排了三个与整体结构有机衔接的镂空藻井，用天花板和藻井遮住了大殿的梁架。如此巧妙的设计，使人们难以发现梁架所在，也难怪会误传为"无梁殿"。

保国寺还神奇地留下了四大未解之谜——"鸟不栖，虫不入，蜘蛛不

保国寺建筑构造

第四章
人文其昌·两宋

结网,梁上无灰尘"。

在这样结构繁复的木结构建筑里,历经千年却几乎见不到鸟窝、灰尘、蜘蛛网,这着实令人费解。有人猜测,大殿顶部的建筑结构非常巧妙,有许多镂空的设计,透气性极佳;而灵山一带极高的森林覆盖率大大降低了灰尘量。这两大因素或许就是大殿极难积尘的原因。

1975年,在维修保国寺大殿时,换下来的梁柱锯开时散发出一股清香。经化验证明,这种木材叫"黄桧",它含有一种飞禽、昆虫不愿闻的芳香油。有人认为,这就是"鸟不栖,虫不入,蜘蛛不结网"的原因。但是,也有人质疑:历经千年,黄桧木的芳香气味早该消失殆尽了。对此,有人猜测,奥秘或许在大殿建筑结构。除了门窗,大殿顶部有许多的通风口和采光口,还有如鱼鳞般层层相叠的斗拱结构,也形成形态不同的通风道。这样的构造,

保国寺无梁殿

使得大殿中能够形成一种对流,空气振动,从而产生一种超声波,使得虫鸟不敢接近。

不过,这些猜测依旧未得到证实,千古谜底尚未完全解开。独具匠心的建筑选址,巧夺天工的营造技艺,精美绝伦的建筑结构,保国寺大殿是宋人创造性智慧的产物,也是今天建筑界专家、学者们考察、学习、研究的圣地。

时光飞逝,当年无意中发现了保国寺的戚德耀和方长源已是耄耋老人。他们说,搞古建筑一辈子,平生最大的成就,就是发现了保国寺。

| 运河城市 |

城外千帆海舶风

宁波三江口的甬江东岸,矗立着一座精美的建筑——天后宫,又称庆安会馆。它是全国重点文保单位,又作为中国大运河(宁波段)的重要遗产而成为世界文化遗产点。

一个属于海洋的天后宫,同时又属于大运河。这就是宁波的独特。

宋淳化三年(992年),明州城继唐代之后又设市舶司,这是专门管理外贸兼外事的机构。明州与泉州、广州成为全国三大外贸口岸。

今天宁波三江口江厦公园的水岸,宋代时是国内外贸易的码头区。江上帆樯如林,岸上货物拥挤。为了方便外贸,就在罗城的东渡门和灵桥门之间,开了一座市舶司专用的城门,直通城内的市舶司衙署,百姓称为"市舶门"。门外建来远亭,为市舶司稽查人员的现场办公点。外国商船都要在这里登记验货签证,办理一应手续后,货物方可入市舶门,运至市舶司的市舶库贮放。

从唐中晚期到北宋,越来越多的波斯、阿拉伯商人、商贾、高丽来使,留

学生来到明州,其中不少人长期居住城中。市舶司西边有波斯馆(今天那条街被称为"波斯巷"),而月湖东岸的菊花洲,则建有高丽使馆。一时间,明州城处处可闻异国之音,时时可见外域风情。

"城外千帆海舶风",从宁波启航的海船,持续驶向海上丝绸之路,中国的政治制度、文化制度以及服饰、音乐、绘画、科技、宗教等各个方面,开始更广泛地传播,影响了日本、朝鲜乃至整个东亚地区。北宋末期,这种交流达到一个高峰。到了南宋,明州一度成为江浙对高丽、日本等国官方往来以及通商贸易的唯一合法港口。

北宋宣和五年(1123年),给事中路允迪一行乘坐明州打造的两艘"神舟"和六艘"客舟",从明州港出发奉使高丽,归国时突遇狂风巨浪。危急中众人仰天向妈祖求祷,五昼夜后路允迪终于平安抵达明州。事闻于朝,宋徽宗下诏封妈祖为"顺济夫人",赐庙额为"顺济"。这是妈祖第一次受到皇帝册封。

自宋徽宗敕封后,历代皇帝对妈祖的褒封逐步升级。从"夫人""天妃""天后"到"天上圣母"。妈祖从民间供奉走向钦定航海保护神,宁波起了重要作用。

南宋绍熙年间,福建莆田船主沈法询在宁波经商,一次在南海遇险,因祈求妈祖而化险为夷。回到宁波后,他捐出自己位于东渡路的住宅,建造了一座妈祖庙。庙中的妈祖神像,是从莆田湄洲祖庙分炉而来。这是宁波第一座妈祖庙,也是浙东地区第一座妈祖庙,后称"天妃宫"。宁波又成为最早接纳和传承妈祖信仰的重要地区之一。

天生宁波,江海相连。宁波在中国大运河的最南端,位于大运河与浩瀚大海的连接处。因为运河,唐、宋明州港通江达海。港口是一个港区体系,形成一张巨大的交通运输网。海船入镇海口驶经甬江抵达三江口,或就地

第四章

人文其昌·两宋

波斯巷清真寺

庆安会馆正门

登陆贸易,或换成内河船,进入运河,继续向内陆腹地行进。内陆腹地的人员、货物反向由运河到达宁波出海。正是这种海船与内河船的转换,外海与内河的对接,推动了宁波这座城市的发展。

因为潮汐江的影响,浙东运河宁波段形成了与众不同的特点,即利用天然的姚江、河道、湖泊等水网,据地形设计运河线路。每一条天然江河,都有一条或多条、一段或多段人工塘河与之相配。天然江河与人工塘河结合,复线运行,因势取舍。

高桥横跨西塘河,北通大西坝,是沟通西塘河和姚江的咽喉,堪称"浙东运河上的甬城门户"。

南宋宝祐元年(1253年),郡守吴潜重建大西坝,又在姚江与慈江之

第四章
人文其昌·两宋

庆安会馆内景

间开挖一条直河刹子港。大西坝北枕姚江,隔江相望慈城的小西坝。姚江潮水平稳时,船舶从此过坝北上。如潮水湍急,便可渡到对面,翻过小西坝经刹子港进入慈江北上。宋代,官方出钱雇民工、买牛畜,置索缆,管理过坝事宜。大西坝"舳舻相衔,上下堰无虚日"。多少商旅过大西坝去向内地,多少学子过坝赴京赶考,又有多少商旅、官员从这里进入宁波城。

中国大运河一头连着北京,一头连着宁波。宁波具有运河城市与海港城市的双重特征,是中国大运河内河航运通道与外海连接的纽带,使大运河具有了对外开放的特征,中国大运河与海上丝绸之路就此连在一起。中国大运河上的宁波,"东出大洋,西连江淮,转运南北,港通天下"。

高桥

  2014年6月22日，中国大运河成功入选世界文化遗产名录，宁波也成为世界文化遗产城市。三江口甬江东岸的庆安会馆，如同一名光荣的迎宾，守在中国大运河连接世界大通道的南端国门。

  中国的大江大河，中国的海洋，终于和全世界的海洋连成了命运共同体。

第五章　海定波宁

| 神秘永丰库 |

海丝遗珍说当年

2001年,宁波一家房地产公司看中了紧邻鼓楼东侧的一块"黄金宝地",准备投资2亿多元建一幢高档商住楼。这个地块在宁波古代子城范围里,是宁波市九大考古区之一。2001年9月,宁波市考古所开始对鼓楼东侧地块进行考古发掘,想挖出子城的城墙。

随着鼓楼东侧区域考古挖掘的开展,出现了让人意想不到的景象。

在建筑基础底下,发现了整排排列的长方形方孔基石。这到底是干什么用的?之前没见过类似的建筑。接着考古人员陆续勘探出一些重要遗迹,如一段砖砌的规整的甬道,路中间还砌出精美的"方胜"纹。随后,经过一段时间的大规模清理,在单体建筑基址的东、南、西边,相继发现了东西长62米、南北宽21米以上的墙基遗迹。遗址内局部地层几乎都是成堆的残破瓷片。

出土的瓷器有宋代的,有元代的。按照考古学定年代,最终证明这是一个元代建筑。这意外发现的不同寻常的元代大型建筑遗址,究竟是什么

第五章
海定波宁·元明

永丰库遗址公园

建筑？

　　毛昭晰、傅熹年等著名专家、学者来到考古现场考察，认为这肯定是宁波对外贸易、海上丝绸之路的一个重要的遗存。这是一个宋、元、明叠压的政府仓库的遗址。最重要的就是元朝这一层。这个建筑，形制非常特别，从建筑类型来讲是中国古代文献上有记载而没有实物的。它又是长江以南非常稀少的元文化遗址。

永丰库遗址公园鸟瞰图

  宁波市政府果断决定停止房地产开发项目，出资6000万元回购了该地块，对遗址进行全面发掘。

  经过135天的仔细清理，考古队员们共发掘出了3500多平方米，揭露出以两处单体建筑基址为核心，与砖砌道路、庭院地坪、排水设施、水井、河道等相互联系、布局相对完整的宋、元、明三朝上下叠压的建筑遗址，并出土完整或可复原文物800余件。

  根据文献记载和实地发掘，鼓楼东侧子城遗址终于探明身份。这处遗址，就是元代的永丰库。

  永丰库遗址是我国首次发现的古代地方城市的大型仓库遗址，也是江南首次发现的大规模元朝遗址。其单体建筑的宏伟性、布局的完整性和功

第五章
海定波宁·元明

能的多样性，不愧为中国古代城市仓储第一库。

元初的宁波，发生了三件大事。第一件就是诏毁天下城池，宁波建于唐代、两宋又经过修缮的古城墙全部被拆毁。第二件事情就是元朝的大军从宁波起航，攻打日本，结果遇到风暴，全军覆没。第三件事情就是开放庆元港，对外开放，互市贸易。

元代的海运码头有两处：一处位置与宋代基本相同，在江厦一带，也设有来远亭；另一处叫下番滩，在江东，与江厦码头隔江相对。元代的庆元港设市舶司，是当时主要的海运贸易口岸之一。游历宁波的诗人张翥对庆元港海外贸易的兴盛赞叹不止，写道："是邦控岛夷，走集聚商舸。珠香杂犀象，税入何其多！"

元至治三年（1323年）前后，一艘国际贸易商船满载货物，从中国的庆元港出发前往日本。途中遭受台风袭击，沉没在高丽的新安海域。600多

陈桥驿撰《元庆元路永丰库遗址记》

按照新安沉船复原的木船

年后的 1975 年，韩国渔民在新安海域发现了这艘元代沉船。考古队员从沉船里发掘出了 2 万多件青瓷和白瓷，还有重达 28 吨的中国铜钱，这一考古成果震惊了全世界。沉船上发现刻着"庆元路"的铜制秤砣。

　　元至元十四年（1277 年），庆元府升府为路，设总管府。永丰库作为庆元路一处大型的官府仓库。库里有当时全国最主要的十二个窑口的瓷器，包括河北磁州窑、河南钧窑、景德镇的影青瓷以及龙泉窑青瓷。全国各窑口的瓷器通过海路或运河集运到宁波，然后出口海外。外销互市过程中，部分瓷器作为实物税抽取堆放入库。元朝政府要么拍卖，要么通过运河送到杭州，作为政府的收入。永丰库遗址出土的这些贸易陶瓷，充分说明当时宁波是陶瓷的集散地，是对外贸易中心，是我国古代"海上丝绸之路"的

第五章
海定波宁·元明

重要贸易港。

宁波凭借河海城市的优势地位,又成为元代发达的海上漕运的重要港口。

元朝定都大都(今北京)后,元世祖忽必烈采用海上漕运的办法南粮北运,开辟了东南沿海到大直沽(今天津)的漕运路线。南方漕粮北运的一个重要特征就是河海联运,而宁波成为当时南方漕粮北运的重要转输港之一。《浙江航运史》记载:"延祐元年(1314年),温州、台州及福建等地的运粮客舟,改在庆元停泊,再由海船装粮,从烈港入海北运。"烈港即今舟山沥港,当年隶属庆元路。

元代宁波以漕运为中心,以陶瓷为特色,成为内运与外销的重要港口城市。运河与海洋一起,书写了元代宁波的繁荣。

永丰库遗址入选"2002年度全国十大考古新发现"。2006年6月,遗址被列为全国重点文物保护单位。

永丰库遗址一期发掘后,为了保护好这处珍贵的历史遗存,对原址进行回填。在回填后的遗址上,采用旧石料和砖块,复制考古发掘出的永丰库遗址初始状态,开辟为一个遗址公园。今天,来永丰库遗址公园游玩的人们,可能并不清楚,在自己所踩的土地下两米处,才是真正的永丰库遗址。那里有一个朝代尚待揭开的许多秘密。

| 大儒王阳明 |

吾心自有光明月

王阳明在母亲肚子里待到十四个月,还不肯出来。一天祖母岑氏梦见绯衣佩玉的神仙在云中打鼓吹箫,把一个婴儿送到她手上。她一惊醒,就听到了婴儿落地的啼哭声。祖父觉得此事奇异,就给孩子取名"云"。余姚城的人们指着他出生的楼房说,这是瑞云楼。

此事是明代大儒钱德洪在《瑞云楼记》中所述。王阳明全家从余姚迁居山阴光相坊的"龙山里第"后,就将余姚老宅租给钱氏居住。钱德洪也降生在此楼,他后来成为王阳明的高徒。

王阳明,名守仁,因曾筑室于会稽山阳明洞,自号阳明子,人称"阳明先生"。明代施邦曜《阳明先生集要》中说,王阳明祖先是晋右军将军王羲之的后裔。南宋时家族徙居余姚城内,名宦载世,诗书传家。

明成化十七年(1481年),王阳明十岁。父亲王华高中状元,入京师。第二年祖父竹轩翁携王阳明去京城。王阳明从小志存高远,心思不同常人。十二岁时,王阳明问塾师:何为人生第一等事?师说读书登第,像你父亲。

第五章
海定波宁·元明

余姚龙泉山

王阳明说：恐怕不是，当读书做圣人。

王阳明十八岁时，带新婚夫人诸氏从南昌回余姚，船过上饶，拜见理学大儒娄谅，娄谅向他讲授"格物致知"之学。之后王阳明遍读朱熹的著作。为了实践"格物致知"，有一次他看见竹子，就"格"了七天七夜，什么都没有发现，人却因此病倒了。这就是中国哲学史上著名的"守仁格竹"。

这一年，竹轩翁在京城仙逝，王华扶柩归余姚，丁忧三年。王华嘱咐弟弟王冕等人为守仁讲经析义，使他学业大有长进。王阳明二十岁时，父亲王华带领全家搬迁至绍兴府城中，余姚老宅由钱氏居住。

王阳明二十二岁时，第一次会试不第，回到余姚，在龙泉寺结诗社，弈棋联诗。二十八岁第三次会试，终于考中进士。从此，他每一天都在践行

龙泉井　　　　　　　　王阳明故居瑞云楼

着儒家"立德,立功,立言"三不朽的人生理想。

他为蒙冤入狱的官员上疏申冤,触怒大太监刘瑾,被廷杖四十,贬至贵州龙场驿当驿丞。在蛮荒穷困之地,他住在一个石洞里,对自己一生所学日夜反思。一天夜半,他忽然顿悟:"圣人之道,吾性自足,向之求理于事物者误也。"他意识到心是感应万事万物的根本,心即理。这就是著名的"龙场悟道"。

刘瑾被除后,王阳明一路建功立业。他被擢为都察院左佥都御史,巡抚福建、江西等地,作为文官亲自率兵,连破上百座盗寨匪巢,斩俘数万,一举荡平为患数十年的江西盗贼。

宁王朱宸濠发动叛乱。正在江西的王阳明立即募集义兵,发出檄文,出兵征讨。最终双方在鄱阳湖决战,王阳明仿效赤壁之战,激战三天,宁王战败被俘,叛乱平定。因平叛立大功,封"新建伯"。

王阳明一生"立功"赫赫,但从未忘"立言"。他三十四岁时,便在京城开门授徒。他被贬到贵州龙场的途中还收了多名弟子。在贵州时受聘主

王阳明讲学处中天阁

讲于贵阳的文明书院,始揭"知行合一"之旨。回京师后设席讲学,讲学内容由爱徒徐爱记录整理,名《传习录》。此后在滁州、南京、江西等地任职,讲授心学,门生云集。

嘉靖元年(1522年),王阳明五十一岁。这年二月,父亲王华去世,王阳明丁忧回到绍兴,在旧宅基上扩建伯府第。

绍兴王伯府人声鼎沸,人头攒动,来跟王阳明学习的门生,最多时有上千人。嘉靖三年(1524年)的中秋夜,王阳明大宴门人于府中。碧霞池畔,天泉桥上,一百多位弟子饮酒、歌诗、投壶、击鼓、荡舟。王阳明见弟子热闹,悄悄离开,写下"处处中秋此月明,不知何处亦群英?须怜绝学经千载,莫负男儿过一生……"

嘉靖四年(1525年)九月,王阳明归余姚省祖茔,会门人于龙泉山中天阁授课。王阳明去世后,中天阁立阳明牌位祀之,曰"新建伯祠"。

嘉靖六年(1527年),王阳明五十六岁,受命征广西思恩、田州。出发前夜,他在天泉桥上,与钱德洪、王畿留心学四句教法:"无善无恶心之体,有

余姚城中通济桥、舜江楼

善有恶意之动。知善知恶是良知,为善去恶是格物。"两位高徒与恩师讨论,史谓"天泉证道"。

嘉靖七年(1528年),平思、田,断藤峡盗乱后,十一月,病重的王阳明启程返家。二十八日,船泊江西大余县青龙铺,他自感大限已至,召门人周积进来,看着他说:"我去了。"周积哭着问有何遗言,先生微笑说:"此心光明,更有何言。"

王阳明为一代儒家典范,"立德、立功、立言"堪称真三不朽。他提出"致良知""亲民""知行合一"学说,为宋明心学集大成者。其弟子极众,世称姚江学派。阳明学术思想不仅在国内发扬光大,而且传至日本、朝鲜半岛以及东南亚,影响深远。

王阳明一生常想念故乡,想念龙泉山。每当回到余姚,他必去瑞云楼,他呱呱坠地时的胎衣,还藏在楼中。

| 风雨天一阁 |

万轴牙签发古香

"书藏古今,港通天下",这"书",就是天一阁的藏书。南国书城,园林风雅,楼阁轩昂。走进天一阁,就向那尊塑像致注目礼。他就是阁主人范钦。

明嘉靖三十九年(1560年)深秋,兵部右侍郎范钦愤而辞官,只一叶孤舟,携卷卷藏书,回到了他自小读书的月湖之畔。

二十八年宦海沉浮,历遭危厄,虽有幸保住了项上人头,但曾经的雄心壮志已是千疮百孔。性格刚烈的范钦对天长叹,痛定思痛,感怅不已。

蓦然回首,是月湖的碧波,是家乡那清冽的气息。范钦仿佛听到了一个睿智的声音:"祸兮福所倚!"已是疲惫空荡的身躯,竟从骨子里弥散出缕缕书香,刹那间充盈着天地间的精气。他吟道:"耽书吾道在,弹剑故情违。"建功立业的欲望已消退,而嗜书如命的天性却勃然而发。

他今后的生命,只为藏书。

各地为官时,他就刻意收集当地的公私刻本,买不起的就雇人抄录。收到的书籍,他寄回家乡宁波月湖边的故宅"东明草堂"。那时渴望建功立业,藏书只是业余爱好；现在不同了。他不知道，这是一个宿命，是一个使古老的中国文化无比幸福的宿命。

　　三年之后，碧波荡漾的月湖西岸，东明草堂边，一座幽雅的藏书楼落成了。他想到《易经注》中"天一生水"。又得一元代碑刻，上有"天一池"三大字，他大喜。历来书最畏火，他遂取以水制火之意，将藏书楼定名为"天一阁"。

天一阁大门

第五章

海定波宁·元明

从那一天开始,范钦就没有离开过这座书的殿堂。买书,读书,抄书,校书,曝书,将芸草夹在书页中以防虫蛀,用萤石置于书橱下以防霉变。范钦的日子书香馥郁。

明代藏书家大都嗜宋版元刻、孤本秘籍,而范钦却独辟蹊径,重点收藏明代文献,藏书中尤以大量明代地方志和明代登科录为珍贵。这种"厚今薄古"的藏书理念,造就了一位富有远见卓识、禀赋非凡的藏书家。

冬去春来二十余载,范钦"远购近集,旦录夕抄",天一阁藏书已达七万余卷,多为宋明刻本和抄本,更有稀有珍本和孤本,远近闻名,几为"浙东藏书第一家"。

明万历十三年(1585年),八十岁高龄的范钦终于要告别他的藏书了。临终前,他将家产分为两份:一份是白银万两,一份是天一阁及数万卷藏书。长子范大冲继承了天一阁。范钦怀着深深的不舍,向着那琅嬛仙境,轻轻走去。

为了保护这一楼藏书,范钦订立了最严格最不近人情的族规,"代不分书,书不出阁",火烛不得上楼,女人不得上楼,外姓人不得上楼……违反族规者,罚不能祭祖,直至永远驱逐出家族。

范钦藏书的精神追求和文化自觉,以一种近乎残酷的方式代代相传,如镌如刻,慢慢积淀成了范氏家族的一种生命本能。这样的本能,使走进天一阁的范氏后人脚步轻悄,连他们身后的影子,都盛满了朝拜的敬畏和虔诚。

清康熙十二年(1673年),终于有一位外姓人登上了天一阁。当大学者黄宗羲一袭青衫,缓步登阁时,百多年来代代固守的禁约在他身前訇然落下。这是一个最接近范钦的灵魂。他在阁中读到许多罕见的书,写下《天一阁藏书记》,慨叹道:"读书难,藏书尤难,藏之久而不散,则难之难矣!"

清乾隆三十七年（1772年），中国史上最浩大的图书工程——纂修《四库全书》开始了。乾隆皇帝在上谕中指名说天一阁藏书之富。范钦八世孙范懋柱便进呈天一阁藏书641种，为私家献书第一。乾隆御诗赞曰："四库广搜罗，懋柱出珍藏。"并下旨，仿天一阁式样，营建著名的"南北七阁"，用来庋藏七套《四库全书》。天一阁进呈的藏书，大都没有发还。天一阁名闻全国的同时，书劫竟已开始。

仓颉造字，天雨粟，鬼神泣。书籍出现人间，揭示了上天莫大的秘密，难以避免劫难。白云苍狗，天下多少藏书楼灰飞烟灭，唯有天一阁，数百年来岿然屹立。中国历史上再熟悉不过的文厄书劫，难道会放过这个儒雅的身影？当国运凋零、邦家艰难之际，一个精神再强健的藏书世家，怕也只有无奈地在风雨中飘零。

清咸丰十一年（1861年），太平军的炮火打破了南国书楼的宁静。兵荒马乱之际，有小偷趁乱拆毁阁后墙垣，潜运藏书，当废纸论斤贱卖。有识货者出千金购得天一阁散出之书，却在一场大火中焚毁殆尽。民国四年（1915年），不法书商指使巨盗潜入宝书楼，以枣充饥，昼伏夜盗，窃走善本古籍一千多部，阁藏精粹损失近半。时人感叹："久闻天一阁藏书，英石芸香辟蠹鱼。今日椟存珠已去，我来翻撷但欷歔。"

多少年"书不出阁"的祈愿如一叶漂萍，颠簸于动荡的乱世之中，一次次倾覆，却又一次次挣脱。如此浩劫之后，天一阁仍以一种"怪异的力度"屹立着。天一阁中怒草丛生，青藓缘壁，残山剩水，依然是坚守着的精神家园。

抗战胜利后的1946年冬，为避战火而运往龙泉山区的天一阁藏书回归故地。至此，范钦七万卷藏书，尚存一万三千余卷！四百年风雨沧桑，十三代范氏后人，这是一种怎样的意志和人格！这是一个多么艰难、多么悲怆的

天一阁一角

天一阁西园

范钦塑像

天一阁藏古籍

文化奇迹！

今天，走进这座亚洲最古老的私家藏书楼，青砖灰瓦，绿荫如盖，仿佛走进一个民族的灵魂之源，走进一个文化的卓越象征，走进一个精神的神圣图腾。在中国，没有一个地方能像这里，如此沉重而又如此宁馨。

| 风雅共鉴 |

月在中天云在山

月湖景区的月湖庵,就是古湖心寺,有"日本画圣"雪舟等杨的陈列展示。那么,雪舟和宁波有何渊源?

"宁波",是明太祖朱元璋在明洪武十四年(1381年)所取的城市名称,意为"海定则波宁"。永乐二年(1404年),明朝与日本开始了长达145年的勘合贸易。日本派遣明使前来朝贡,实质上以贸易为主。遣明贡船有时也称"勘合船""勘合贸易船"。日本遣明使往往在宁波港登陆,在月湖柳汀的四明驿落脚。勘合贸易除了"进贡贸易"和"因公贸易",还有"因私贸易"。因私贸易在官府的监督之下,可以在宁波的牙行、北京的会同馆以及从北京回到宁波的沿途等地进行交易。日本商人回国,还是在宁波港登船,带回大量的中国铜钱、生丝、丝绸、布匹、药材、瓷器、书籍、书画等货物。

除了贸易,还有文化交流。

成化三年(1467年),47岁的雪舟等杨,随第13次日本遣明使团,乘坐贡船来到了宁波。雪舟来到他昼思夜想的天童寺,住了下来。宁波的市舶

月湖古湖心寺旧址

司还专派了精通日语的宁波文士徐琏为陪贡,担任雪舟的向导和翻译。

雪舟在宁波寻山访水,结识名家高士,临摹绘画。城内书画家金湜更是他的至交。于是,定海关的风帆、三江口的城楼、东钱湖的渔舟、雪窦山的飞瀑、育王山的三塔一一收录于他的笔下。该年隆冬,雪舟又在徐琏的陪同下从浙东运河入京。抵京后,他在礼部尚书的大院中,泼墨飞笔、欣然作画。明宪宗闻奏,金殿接风,倍加赞扬,赐号"天童第一座"。雪舟回国时,徐琏赠诗:"家住蓬莱弱水湾,丰姿潇洒出尘寰。久闻诗赋超方外,剩有丹青落云间。鹫岭千层飞锡去,鲸波万里踏杯还。悬知别后相思处,月在中天云在山。"

雪舟的著名作品《四季山水图》《育王山图》《山水长卷》《宁波府图》等,都以宁波的山水风物为特色。1468年创作的《宁波府图》,其中有古湖心寺

第五章
海定波宁·元明

的远眺风貌。古湖心寺，就是月湖庵的前身。明代瞿佑所写的《牡丹灯笼》故事，传到日本，成了日本民间最著名的鬼怪传说之一，而故事原型的发生地，就在月湖古湖心寺。

雪舟在中国两年多，学习中国水墨画技法，吸取宋元山水画精华。回国后，创出日式水墨山水，开日本一代画风，被日本尊为"画圣"。

弘治元年（1488年），朝鲜国一位五品文臣崔溥，在济州岛乘船返乡为父奔丧，途中遭遇风暴，在海上漂流了14天，终于在中国浙江台州府境内登岸获救。官府验明身份，护送至京城，崔溥先到宁波，然后经浙东运河到杭州，再沿京杭大运河到北京。

崔溥回国后，将途中经历与见闻用汉文记述成书，名为《漂海录》。这本书详细真切地描述了浙东运河宁波段。

崔溥坐船从宁波城长春门的水门进城。穿过城中十余座大桥，又从望京门的水门出城，沿西塘河一路向西至大西坝。他写道："坝之两岸筑堤，以石断流为堰，使与外江不得相通，两旁设机械，以竹绹为缆，挽舟而过。"

在宁海越溪乡中心小学的操场上，立着一块"崔溥漂流事迹碑"，它是由韩国崔溥后人出资建造的。崔溥曾到当时宁海县境内的健跳所，受到了李昂等当地军民的隆重迎送。有位进士张辅非常热情，邀请崔溥到自己家中做客。后来，张辅还把这次交谈写成一篇文章《送朝鲜崔校理序》，载入《宁海县志》。这篇文章，是目前所知国内记录崔溥漂海的唯一文献。

正德八年（1513年）春天，王阳明从京刑部主事的岗位上调任为南京太仆少卿。风和日丽，他入四明山游览，拟取道宁波回余姚。在育王山广利寺，他和日本遣明使了庵和尚相遇，二人谈禅论道，非常投契。了庵回国后，谈论知行合一之义，为日本倡导王学第一人。日本阳明学的传播，从了庵开始。

走读宁波

第五章

海定波宁·元明

雪舟绘山水手绢

今日姚江风姿

　　嘉靖十七年（1538 年）和二十六年（1547 年），策彦周良两次任明日勘合贸易使节，渡海来到中国。贸易船都是在宁波靠泊，然后从盐仓门沿姚江出发去京城。由于贸易使船比较大，不惧姚江的潮汐，所以不像崔溥是走西塘河—慈江一线，而是直接走姚江。

　　策彦周良写下详尽的入明日记《初渡集》和《再渡集》，合称《入明记》。策彦周良在宁波的时间总计长达两年多，他记录了宁波的城市风貌。如在《初渡集》中，就记载了嘉靖年间镇海港繁华的场面，"（船舶）三千艘有之"。他还记下他的使团在嘉靖十八年五月六日到达镇海后，县令赠予饮食等："猪一只，米三包，酒二樽，鲞一篓，鹅四掌，鸡一翼，肉一方，鱼一盘，果四盘，柴六担。"这真是明代中日交流史上活色生香的一笔。

| 海上纷争 |

十年驱驰海色寒

东亚之间和平的海洋，竟为战祸掀起了腥涛血浪。

嘉靖二年（1523年），日本大内氏和细川氏各派遣使团来华贸易。在国内就互相敌对的两派，在抵达宁波后，因为勘合真伪等事引发冲突。大内氏代表宗设怒杀细川氏代表鸾冈，又追杀至绍兴城下再返回宁波。沿途烧杀劫掠，到宁波后大掠市区，夺船出海。追击的备倭都指挥刘锦、千户张镗等明朝官兵战死。浙中大震，史称"争贡之役"。

这一事件导致明朝统治者认为"倭患起于市舶"，于是废除闽、浙市舶司，仅留广东一处，并对日本"闭绝贡路"，导致明朝与日本的贸易途径断绝，为后来的"东南倭祸"埋下伏笔。

明太祖开始的海禁政策，堵绝了沿海地区很多百姓的正常谋生之路。如顾炎武所说："海滨民众，生理无路，兼以饥馑荐臻，穷民往往入海从盗，啸聚亡命。"还有勾结倭寇进行走私，"东南诸岛夷多我逃人佐寇"。

惨烈的争贡之乱后，宁波市舶司被废除，海禁更加严厉。走私贸易活动却在宁波近海的双屿港愈演愈烈。

双屿港在舟山六横岛中间,明朝时属宁波。嘉靖年间,双屿成为16世纪亚洲最大的海上走私贸易基地,是中国与日本、东南亚、欧洲交易的中转站。岛上葡萄牙人、中国商人、日本人约有3000人,常驻的葡萄牙人就有1200多人。港口、仓库、营房一应俱全,云集了数以百计的海船。双屿港繁荣了20多年,被日本学者藤田丰八称为"16世纪之上海"。

一个黑夜,余姚城中,弘治朝首辅谢迁的老家,竟然被人趁夜杀入,男女老少数十口惨遭灭门。此案震动朝廷,作案者原来是葡萄牙海盗。谢家一直与这些葡萄牙人有交易,却长期拖着货款不付。葡萄牙人便铤而走险,趁夜灭了谢家以此来警告赖账不给的买家。

嘉靖皇帝大怒,下决心清剿双屿。嘉靖二十七年(1548年),浙江巡抚朱纨遣都指挥卢镗、海道副使魏一恭等,率战船380艘、兵6000余,进击双屿港,焚艇舰77艘,消灭大量海盗,葡萄牙人死亡达800人。擒海商头目李光头、许六、姚大、许栋等,毁所建营房,然后以木石填塞双屿港。

双屿港

第五章
海定波宁·元明

双屿被毁后,走私商人汪直等收余众逃走。走私海商失去了直接的交易渠道和场所,便开始上岸骚扰沿海各地,出现了一批海上武装走私集团,汪直成为众多走私集团公认的首领,"三十六岛之夷,皆听指挥",拥众数十万。

嘉靖三十三年(1554年),浙江沿海狼烟四起,倭寇占据沿海众多岛屿,频繁侵扰沿海各地。就在此时,曾任余姚知县的胡宗宪从西北边关回到浙江,出任浙江巡按监察御史。他临行前立下誓言:"我这次任职,不擒获汪直、徐海,安定东南,誓不回京。"不久,胡宗宪擢升浙直总督,总制七省军务。

第二年戚继光从山东登州调浙江。胡宗宪举荐他任参将,主持宁、绍、台一带防倭军务。1556年秋,倭寇登陆宁波三北龙山,大掠乡民。戚继光先后与卢镗、俞大猷等协同作战。戚继光身先士卒,"三箭射三酋",威退倭兵。龙山三战三捷,戚继光崭露头角,威震三军。

早在嘉靖三十一年(1552年),汪直率众频入内地劫掠,据泊岑港。参将俞大猷围剿,汪直突围远遁日本浦津,自称"日徽王"。嘉靖三十六年(1557年),汪直又抵舟山,占据岑港。胡宗宪抚剿并举,施巧计擒汪直,杀徐海。汪直养子毛海峰又拥众盘踞岑港。

嘉靖三十七年(1558年)二月,胡宗宪调兵遣将,令戚继光、俞大猷等各路兵马围剿岑港。倭寇列寨作垒,塞道堵港,居高临下,据险死守。戚继光等率部奋勇作战,"踩尸而进"。两军激战,久攻不克。胡宗宪亲临宁波镇海指挥,限期大举进击。戚继光、俞大猷等诸将率部舍生忘死,冒险挺进。众寇大乱,死者无数。历时半年,终于攻克了岑港倭寇的巢穴。

戚继光抗倭足迹遍布宁波沿海。他在慈溪临山卫屯兵抗倭,在北仑戚家山扎营驻防。他行军吃的干粮宁波人取名"光饼"。他巡视到鄞县大嵩所,见乡人在球山开采大嵩石危及山顶烽火台,便命以羊代牛祭山,因此采不出优质大嵩石,乡人便不再破山取石,保全了山顶的烽燧。

嘉靖四十一年(1562年),戚家军在福建打了一场胜仗后,回浙江休整。胡宗宪设宴为戚家军庆功。胡宗宪的幕僚、宁波人沈明臣,在酒席上赋《凯歌》十章。其一曰:"衔枚夜度五千兵,密领军符号令明。狭巷短兵相接处,杀人如草不闻声。"胡宗宪听到"狭巷短兵"二句,立即站起来,手捋胡须赞扬道:"何物沈郎,雄快乃尔!"

总督胡宗宪转战浙江时,多次来到曾任知县的余姚坐镇指挥,屯兵胜归山。又在余姚接受倭寇投降。胜归山上"胡公岩",刻下了一个曾经叱咤风云的人物,也刻下了一个留在大明王朝的宁波身影。

第六章

风劲潮急

| 甬上抗清名士 |

义帜纵横二十年

清顺治二年（1645年），清军攻陷南京，在"扬州十日""嘉定三屠"后挟威南下，入浙江，破杭州，兵锋直指宁波。宁波知府等官员准备献城投降。正在东钱湖养病的明刑部员外郎钱肃乐忧心如焚，大口吐血，痛不欲生。恰在此时，宁波城里的鄞县贡生董志宁等六位秀才倡议组织义兵抵抗，人称"六狂生"。他们请钱肃乐出山。于是钱肃乐赶赴宁波，在城隍庙聚集士绅议事，数千百姓围观，欢声动地。众人推钱肃乐为首，誓师起兵。宁波的抗清斗争拉开序幕。

钱肃乐派举人张煌言奉表赴台州，请鲁王朱以海监国，使浙东抗清诸军有了统一的领导。钱肃乐领兵转战浙、闽，开始了他一生中最为悲壮的事业。他毁家纾难，将家族众人带入军中，还有他年少的儿子。顺治五年（1648年），身患重病的钱肃乐，得知连江失守的败讯，以头触枕，但求速死，绝食殉国于琅江船中。

声名显赫的甬城钱氏一族，就这样谱写了一曲悲歌。

张苍水故居

如果说钱肃乐是明朝官员，食国俸禄为国尽忠，理所当然。而张煌言不过一介举人，无官无品，却毅然投身抗清，慨然赴死，更是可歌可泣。

张煌言，字玄箸，号苍水，宁波城厢人。父亲原为崇祯朝刑部员外郎。张苍水自幼酷爱诗书，善骑射，明崇祯十五年（1642年）中举。他的日子，本可富足悠闲。可当清军铁蹄大举南下，26岁的张苍水毅然诀别家人，奋举义旗，从此走上了一条九死不悔的不归路。

1659年，决定明王朝最后命运的一场大战在长江之上轰然展开。南明兵部尚书张苍水会师延平王郑成功，十万大军沿江而上，收复瓜州，攻克镇江，兵锋直抵南京城下。张苍水随之挥师安徽、江西，连克四府、三州、二十四县，半壁江山震动。

眼看复明大功将成，岂料天运难测，成败转瞬，郑成功因轻敌突遭偷

第六章

风劲潮急·清代

张苍水塑像

袭,大营顷刻崩溃,败走台湾。张苍水孤掌难鸣,兵溃于铜陵。他孤身突出重围,颠沛二千余里,在浙东沿海,重招散失的部下。

此后,抗清形势急转直下,永历帝被吴三桂绞死于云南;郑成功又突然病死于台湾;张苍水所拥戴的鲁王也在金门病逝。国脉已断,复明大业几如灰烬。

张苍水遣散部下,孤栖象山悬岙,等待自己最后的结局。

1664 年 7 月 17 日深夜,清军突袭孤岛,张苍水突围不及,终为绑缚,从宁波押赴杭州。清廷对张苍水多次劝降,终于绝望。1664 年农历九月初七,张苍水留下绝命诗"我年适五九,复逢九月七。大厦已不支,成仁万事毕",走上刑场。他遥望杭州的远山,说道:"好山色!"然后从容就义。张苍水葬于南屏山,与岳飞、于谦并称"西湖三杰"。

在据舟山抗清的鲁王营中,在郑成功和张煌言会师北伐、兵抵南京城

余姚龙泉山四先贤祠

的行阵中,有一个叫朱之瑜的余姚人。

朱之瑜是明末贡生,一位品行高洁的著名学者。清兵南下后,他积极投身抗清斗争。他多次东渡日本,想借援兵以助抗清。十年海外经营,历尽磨难。在舟山和四明山的抗清营寨都被清兵攻陷,他最好的师友先后为国捐躯后,他受郑成功和张苍水之邀,从海外返国抗清,参加北伐。

北伐军在南京城外溃败后,朱之瑜深感复明无望。他誓死不剃发,学鲁仲连义不帝秦,"蹈海全节",最后一次东渡日本,怆然回望,永不回故国了。因礼尊他的学问和德行,日本国副将军、水户藩藩主德川光圀聘请他为国师,到江户讲学,执弟子礼。德川光圀以先生年高德重,不敢直接呼名称字,请取一号以称呼。他说"舜水者敝邑之水名也",就以故乡余姚的"舜水"为

第六章
风劲潮急·清代

号,以示不忘故国故土之情,始称"舜水先生"。以舜水学说为宗旨的"江户学派",其影响一直延续到明治维新时期,为日本的繁荣与进步做出了贡献。

还有一位宁波人,也如朱舜水抗清失败而漂海。他没有到日本,而是到了宝岛台湾。

他就是沈光文,字文开、斯庵,出生鄞县,自幼苦读,考进太学。清兵入关灭明后,沈光文跟随南明抗清,参加钱塘江之役,授太常博士。后参与迎立鲁王,受封工部郎中等职,参赞军务。鲁王北上,沈光文扈从不及,赴广东肇庆,投奔桂王,累迁为太仆寺少卿。清兵破舟山,他奔走浙、闽间,联络抗清力量。

桂王小朝廷终无力支撑残局,沈光文见大势已去,想举家迁到泉州居住,没想到在途中突然遭遇台风,船漂至台湾。九年间,在荷兰人占据的台湾,沈光文隐居山间。

1661年,郑成功率军攻下台湾,明朝遗老纷纷入台追随。郑成功得知沈光文也在台湾后大为高兴,以宾礼相见。沈光文早到台湾,写了台湾最早的诗文。以他为主,聚集了一大批不愿归顺清朝的文人学士,开始提倡和宣传中华文化。他们以传统的诗文形式,写下了台湾第一批文学作品,成为台湾文化的开拓者。

沈光文还不辞辛劳,经年累月勘探地理、采访民俗,创作了台湾第一部地理志《台湾舆图考》。他晚年自号"宁波野老",还出面成立了台湾第一个诗社——"福台闲咏"。他著有《草本杂记》《流寓考》《台湾赋》《文开诗文集》,后来由同乡全祖望寻访而刊刻。全祖望称他,"海东文献,推为初祖"。

1688年,沈光文逝于台南善化里。他作为台湾文化的拓荒者,永为台湾人民纪念。清代鹿港建书院即借沈光文之字,名曰"文开书院"。许多书院将沈光文与朱熹并祀,甚至有人尊奉沈光文为"台湾孔子"。

| 书院圣地白云庄 |

依然不废我弦歌

"城内天一阁,城外白云庄。"天一阁和白云庄,曾经是浙东文化的两块丰碑,一为藏书杰阁,一为书院圣地。白云庄位于宁波城西管江岸,曾是明末户部主事万泰家的祠庄。

万泰的祖上万斌,曾跟随明太祖南征北战,被太祖追赠为"明威将军"。万家一门三世,四人为国捐躯。到万泰这一代时,人丁兴旺。万泰有八个英俊倜傥的儿子,誉为"万氏八龙"。他们是斯年、斯程、斯祯、斯昌、斯选、斯大、斯备、斯同,都有各自的学术专长。

白云庄门口,有一代大儒黄宗羲的塑像,这又是何故?

黄宗羲,字太冲,号南雷,别号梨洲山人,学者称"梨洲先生"。父亲黄尊素,天启中官御史,东林党人,因弹劾魏忠贤而入狱,受酷刑而死。崇祯元年(1628年),魏忠贤被除,天启朝冤案获平反。刑部会审阉党余孽许显纯、崔应元等,黄宗羲出庭对证,突出袖中锥刺许显纯,当众痛击崔应元,拔其须归祭父灵,人称"姚江黄孝子"。

第六章
风劲潮急·清代

万氏故居白云庄外景

清兵大举南下,黄宗羲变卖家产,在家乡余姚黄竹浦招集数百子弟,组织"世忠营"抗清。他任鲁王兵部主事,守钱塘江。指挥"火攻营"渡海攻乍浦城,因力量悬殊失利。江防失守,清军占绍兴,他率部下与王翊残部入四明山,结寨固守。寨毁后又投鲁王军营,任左副都御史,与冯京第出使日本乞兵,渡海至长崎岛,未成而归。清廷多次发官文缉拿他,黄宗羲带老母和一家人,隐居在余姚化安山中,破被空锅,贫寒交迫。

黄宗羲和万泰是挚友。他们曾一起求学于刘宗周,交情深厚。一同参加复社,并肩参加了对阉党阮大铖的抗争活动。国破之时,二人又不约而同投身抗清斗争。黄宗羲之弟黄宗炎在四明山抗清,兵败被捕,待死狱中。黄宗羲赶到宁波,与万泰策划营救。行刑之夜,法场的火把忽然熄灭。暗中有人冲出来将黄宗炎背负而去,狂奔十余里,进入一座房子。原来这里

白云庄内黄宗羲塑像

黄宗羲讲学场景复原

就是万泰的白云庄,而背黄宗炎刀下逃生的,正是万泰次子万斯程。

抗清失败后,黄宗羲自侠义兴兵转而著书讲学。二十多年间,他在慈溪、绍兴、宁波、海宁等地设馆讲学。

康熙七年(1668年),黄宗羲应甬上诸门生之请,来宁波设席讲学。众多弟子会集于宁波城南延庆寺。黄宗羲提议在宁波创立证人书院。证人书院就设在万氏白云庄,一时名士云集,弦歌不断。

自此,白云庄与蕺山,双峰并峙,交相辉映,成为博纳兼容、学贯创新、经世致用的浙东学派的发源地和浙东人文思想的精神高地。

第六章
风劲潮急·清代

黄宗羲在甬上证人书院主讲了八年，前后听讲的有 100 多人，其中有弟子 66 人，特别出众的有 18 人。黄宗羲被誉为"中国思想启蒙之父"，其"天下为公"的民主思想、"经世致用"的史学研究、"工商皆本"的进步观念，影响了浙东的学风甚至后来的宁波商帮，影响了孙中山、邹容、陈天华等爱国志士。

他的后学，万斯同、全祖望、章学诚又深得其史学思想的精髓，成为史学研究的翘楚。

万斯同，万泰最小的儿子，也是黄宗羲的爱徒。黄宗羲让万斯同北上修史，并赠诗相勉："四方身价归明水，一代奸贤托布衣。"万斯同在京手定《明史稿》五百卷，成为后来编修《明史》的基础。晚年双目失明，仍以口授编史、讲学。二十余年古卷青灯，气节道义，终不辱恩师所托。

黄宗羲开创了浙东史学派，万斯同、章学诚、邵晋涵等名家辈出，全祖

烟屿楼与月湖桂井巷口的全祖望像

望更为浙东史学派代表人物。

全祖望,号谢山,出生于宁波月湖西畔的桂井巷。乾隆元年(1736年)中进士,选翰林院庶吉士,为李绂所赏识,称他是王应麟、黄震以后第一人。次年,因李绂与张廷玉不和,散馆后以知县任用,遂愤而辞官返回故里,专心著述,不复出仕。

全祖望"居家十载",潜心学术研究;又"衣食奔走",二任书院山长,主讲于绍兴蕺山书院和广东端溪书院。他在学术上推崇黄宗羲,自言为黄宗羲私淑弟子,承黄宗羲经世致用之学,博通经史。他还受万斯同的影响,注重史料校订,精研南宋及南明史事,广为搜罗纂述南明史实,留心乡邦文献,贡献甚大。补辑黄宗羲《宋元学案》,三笺《困学纪闻》,七校《水经注》。所著《鲒埼亭集》,为南明忠义之士写大量碑传,极富史料价值。

"锋镝牢囚取决过,依然不废我弦歌",黄宗羲,一位历经明万历、天启、崇祯和清顺治、康熙五朝的大儒,他历尽牢狱、征战之苦和心灵的煎熬,留下烛照千古的文字。这白云庄,因为他的声音成为现代宁波精神的一处渊源之地。

全祖望墓

| 甬腔甬调 |

蓦地清风吹别谱

"高台教化娱神娱人。"纵观历史,最贴近民间生活的,是戏曲。千百年来,没有受过教育、不识字的广大百姓,就是从戏剧曲艺之中获得娱乐,接受教化,增长知识,感知忠奸善恶,懂得做人的道理。

元末,温州瑞安人高明来任四明庆元路推官。推官专管刑狱之职。高明查出"四明狱囚多冤",便为他们平反。狱囚凡是查无实证的,全都释放回家,一时"囹圄一空,郡称为神"。此后高明辞官不仕,寓居鄞县栎社友人的沈氏楼十余年,埋首撰写《琵琶记》。《琵琶记》完稿之夕,高明伏案吟咏剧中曲牌:忽见桌上并插的双烛火焰相向弯曲,交合一起,形成一条美丽的焰虹。高明大喜,不禁高喊:"瑞光!瑞光!"从此,沈氏楼改称"瑞光楼"。果然,《琵琶记》一鸣惊人,后人视高明为"南戏之祖"。

明代宁波又出一戏曲名家,他就是屠隆。屠隆"生有异才",为人豪放,纵情诗酒,好游历,专爱结交天下名士,名列"中兴五子"。他博学多艺,精通音律,写戏编戏,还亲自登场演戏;家中自办戏班,聘请名角。他写有《彩

毫记》《昙花记》《修文记》等著名传奇，都曾"大行于世"，叫座京城，一时知名度和影响力甚至超过了汤显祖。

到了清代，完全来自底层社会的宁波地方戏兴起，造成宁波市井文化的繁荣。

"广生堤放唱溪娃，大阪秧田曲子嘉。蓦地清风吹别谱，一声声是浪淘沙。"乾隆年间，住在月湖的全祖望，就时常听到从湖上传来的民间小调。只是不知这些小调，是不是宁波最为流行的对山歌。

清代中期，宁波鄞县等地农民、手工业者休闲时，常在田间垄头哼唱小调。这类田头山歌，唱词大多通俗、浅白，适合普通民众即兴演唱。起初一人独唱，后逐渐演变为两人对唱的形式，即所谓"对山歌"。演唱内容多集中在男女爱情、民间故事等方面，并与宁郡风俗有着密切联系。到了乾嘉年间，民间艺人将唱新闻、对山歌与马灯调等结合在一起，主要依托马灯班走穴演出，"对山歌"逐渐从最初的业余客串发展成为一种有较为固定的演员配置、表演模式、唱腔的宁波地方戏。

晚清时期，江浙一带串客演出颇为盛行，以宁波地区最具代表性。时人称："串客淫戏，江浙等省皆有，而以宁波为尤甚。"

宁波串客戏的表演形式，一般采用一生一旦对唱演出的形式，称为对唱戏，也称花鼓，与早期的对山歌相似。其演出最初是男性票友来承担的，两人同台，一人反串。后来逐渐有女性票友参与到串客表演中。唱腔上多使用宁波本地方言，"串客戏者，最易于败俗，装演男女二人，操土音而百般戏谑"。

宁波串客戏的演出，无论春夏秋冬，无论城市乡村、庙宇楼馆均可开演。每年正月，春耕秋收，就会大肆搬演串客戏。串客戏演唱的内容，多涉及男女爱欲私情、风花雪月，留下的曲目有《拔兰花》《卖草囤》《绣荷包》《庵

庆安会馆戏台上的戏剧表演

宁波城隍庙戏台上的演出旧影

堂相会》《荡湖船》《女告私情》等。将质朴纯真的男女之情演唱出来本无可厚非，但有些作品将闺帏床笫之事也公开搬演，难免有宣淫诲色之嫌。《串客宜禁》中指出："串客者，客串也。无赖游民，名不隶乎梨园，而偏喜学习歌唱。每当晚凉时节，沿街列坐，各逞歌喉，其曲无非男女私情，伤风败俗。"地方官员、乡绅一直极力反对宁波串客戏，并试图通过种种手段进行禁毁。

　　随着上海成为对外贸易最大的商埠和经济最为繁荣的都市，宁波去上海经商和从业的人越来越多。1890年，奉化串客艺人邬拾来邀集一批艺人组成串客班，首次到上海茶馆演出。以后，又有几批串客班到上海茶馆、八仙桥、恒雅等小剧场演出。串客戏入沪之后，受到上海本地流行的其他戏

台上和台下

第六章
风劲潮急·清代

曲艺术的影响,向精细化、复杂化的方向不断发展,而逐渐演变为"宁波滩簧"。当时流行七十二小戏,宁波谚语说,"滩簧小戏演十出,十个寡妇九改节"。1924年,"宁波滩簧"在上海遭禁演后改称"四明文戏"。1938年,宁波滩簧演出时装文明大戏,始改称"改良甬剧"。1950年,正式确立为甬剧。

十一届三中全会以后,还有老串客艺人傅彩霞在庄桥镇一带演出,倪月娥三姊妹以及崔定甫、包炳荣、王宝荣等串客老艺人在月岛演出,所演多是甬剧,偶尔演几出《拔兰花》《还披风》等串客时代的戏目。

今天,甬剧虽仍下乡演出,但基本已都市化。不断有新剧目上演,人们进入剧院秩序井然地看戏。但遍布在宁波土地之上的大量古戏台,仍在默默地怀想着那个琴板悠扬、万头攒动的热闹景象。

| 开埠转型 |

早把严城锁钥开

1841年9月,三总兵力战殉国,英军二次攻占定海。10月10日,英舰炮轰镇海口,守卫招宝山的提督余步云弃炮台而逃。在镇海督战的钦差大臣、两江总督裕谦,见官兵溃散,英军已攻入城中,悲愤不已,投入镇海学宫的泮池,以死尽忠。

镇海沦陷后,英军进兵宁波。宁波城文武官员弃城而逃,英舰驶入三江口靠泊灵桥门下。英军登岸,城门洞开,直入无人之境。一个英兵爬上天封塔,在顶上刻下"P.Anstruther,自由和主人,1841年10月13日"。好像英军占领宁波城的第一天,就给士兵放假了。

第一次鸦片战争后,"五口通商"。1844年1月1日,宁波正式对外开埠。英国领事馆设在宁波江北岸,江北岸成为"外人居留地"。外人居留地与租界一样,外国享有领事裁判权等特权。他们设立法院、警察局、市场管理和税收机关。英国领事召集会议,设立工厂、商店、船埠,向居民收税,修建码头、道路、房屋,挖排水沟等,实行公共市政管理。

第六章
风劲潮急·清代

1862 年,太平军攻占了浙东重地宁波。清军联合英、法海军大举反攻。在短暂占领了宁波五个月后,太平军终于挡不住坚船利炮的猛烈轰击,撤出了宁波城。就在这一年,一个英国商人台佛逊,在江北岸和郡城海曙之间的姚江上造了一座浮桥,叫新江桥。

姚江、奉化江、甬江三江,将宁波城分割为海曙、江东和江北三块区域。唐代在奉化江上造了一座浮桥灵桥,连通海曙和江东。江北岸和海曙之间一直靠摇船摆渡,这对两地交通和生意都十分不便。台佛逊出资造的这座桥,成为沟通江北和海曙的交通大动脉。

新江桥落成后,英国领事馆派巡捕把守,过桥者每人都要付四文钱的过桥费。正是这四文钱,酿成了一起大惨案。

1869 年的农历四月十三日,这天是"五都神"的生日,宁波郡城要举行"都神会"。彤云社最出名的彩阁人也参加此次赛会。市民抬都神菩萨出殿,绕城游行。游行队伍要过新江桥,守桥巡捕拦住要收过桥费,而群众不肯付钱,在桥上争执不休。人越聚越多,导致桥缆崩断,四百多人落水,被湍

新江桥旧影

急的江潮卷走。事后，宁波民间流传着这样一首歌谣："好看彤云社，翻落江桥下。氽到下白沙，撩（捞）起豆腐渣。"

惨案过去八年之后，宁波士绅陈政钥等人四处奔走，募集了16000银圆，从英国人手中赎回了新江桥，取消行人过桥费。

1862年，美商旗昌洋行开始在江北岸建造趸船式浮码头，孔子号客轮首航沪甬线。自此之后的数十年间，江北岸先后建成了"华顺码头""江天码头""北京码头""永川码头""宁绍码头"等一大批现代化的码头，形成了新的江北港区。

宁波港的港区，唐宋以来一直在奉化江东、西两岸一带，俗称江厦码头。五口通商后，江北岸新的港口给宁波带来了新的繁荣，围绕江北港区一带，形成了繁华的商业区，被后人称为"宁波外滩"。新江桥将新兴的江

宁波老外滩

位于战船街的钱业会馆

北外滩商业区和传统的江厦商业区连接起来,车来人往,熙熙攘攘。

19世纪60年代后,宁波对外贸易快速发展,著名的旗昌、太古、怡和、永兴、宝隆等洋行都在宁波开设办事机构。洋行不仅在宁波经营棉纺织品等传统业务,还带来了轮船、金融、保险、西药等新兴行业。宁波出现了早期的资本主义商业。宁波的棉布店开始进口经销洋布,杂货店开始按资本主义商业模式发展为百货业。

宁波商业的繁荣,形成了许多商业区。尤其是江厦商业区,有钱庄、现兑店数十家,南北货、粮油、鲜咸水产商号林立。自此民间流传"走遍天下,不及宁波江厦"之语。

从五口通商到洋务运动帷幕的拉开,是宁波商人敲响了一个开场锣鼓。这个开场锣鼓,就是宝顺轮。

清代以来，宁波形成了海上运输的两大船帮——"南号"和"北号"。当时由镇海出口，南号南下南洋，北号北上北洋。1853年太平军攻陷南京、镇江、扬州，京杭大运河的南北漕运中断。朝廷将漕运改为海运，于是浙江漕运改为海运，北号船商便成了漕运的主力。宁波商船队规模不断扩大，拥有海船达六七百艘之多。当年，此号船商捐资10万在江东建造了一座"辉煌煊赫，为一邑建筑之冠"的甬东天后宫，即庆安会馆。

但是不久，一个巨大的灾难降临到船商头上，那就是海盗。宁波人称强盗为"绿壳"，这名字就是从海盗船来的。海盗船多漆成绿颜色，船体狭长，速度相当快。海盗杀人越货，抢走商船，劫持人质，并索要巨额赎金。

宁波知府段光清亲赴镇海口催水师出兵，水师仍畏惧不出。愤怒的段光清厉声对水师将官们说："你们平时捕盗不敢去，现在护粮又不肯去，朝廷白花了这么多银子，水师真是可以废了！"

1854年秋天，被海盗逼急了的宁波北号船商，在庆安会馆做出了一个划时代的决定，要购买一艘西洋轮船，为商船护航。他们委托在上海的几位同乡负责购船："鄞县杨坊、慈溪张斯臧、镇海俞斌久客上海，与洋人习，遂向粤东夷商购买火轮船一艘，定价银七万饼，名曰宝顺。"

宝顺轮隆隆地驶进了上海港，驶进了宁波港，中国人第一次拥有了先进的西洋轮船。宝顺轮雇用了洋人操作蒸汽机，又在船上安装了西洋大炮，镇海人贝锦泉"司炮舵"，慈溪人张斯桂"督船勇"，并招募了七十九名称"死士"的广东籍水手。

1855年夏，全副武装的宝顺轮在复州洋与海盗船展开激战，击沉击毁海盗船十五艘，首战大捷。从1855年7月到11月，短短的三四个月时间里，宝顺轮先后在复州洋、黄县洋、蓬莱洋、石岛洋等地击沉和俘获海盗船六十八艘，生擒和杀死海盗两千余人，救出被劫船只三百余艘，基本肃清了

镇海招宝山威远城

北洋的海盗。一时间,宝顺轮名震四海。

　　宝顺轮购入八年后的1862年,曾国藩购买火轮船一艘,名"威林密号"。次年,李鸿章也购置一艘"飞来福号"轮船。宝顺轮揭开了中国轮船时代的序幕。

| 实业开路 |

终共鲲鹏变化游

咸丰年间，宁波鼓楼前的恒兴钱铺，有一位小学徒，叫严信厚。他是慈溪（慈城）人。父亲工诗词，善画芦雁，耳濡目染之下，严信厚亦善诗书，尤擅画芦雁。

恒兴钱铺歇业后，严信厚去杭州信源银楼做文书，银楼的老板正是杭州巨商胡雪岩。严信厚曾精作一幅芦雁扇画赠予胡，上题："暂依秋水宿汀州，终共鲲鹏变化游。衔得一枝输作税，不教关吏苦羁留。"胡大喜，赞其"品格风雅，非市伶比也"，便写信把他推荐给直隶总督李鸿章。

严信厚入李鸿章幕府，随淮军转战南北，襄办转运饷械，筹办赈抚。1885年，严信厚任天津盐务帮办。次年，在天津东门里自设同德盐号，自营盐业。后又创设天津最大的金店——物华楼金店，生意十分红火。由此，严信厚积聚了大量资产。

随着宁波口岸的开放，浙东手工棉纺织业受洋货冲击严重，严信厚看到无限商机。1887年3月，他集银五万两，在宁波北郊湾头创办通久源轧

第六章
风劲潮急·清代

中国通商银行宁波分行旧影

原中国通商银行建筑仍屹立在三江口

花厂。这是宁波第一家近代工厂,也是近代中国第一家机器轧花厂。1894年,严信厚联合沪甬巨商富贾集资45万两银圆,创立浙江省最早的纱厂——通久源纺纱织布局,极大地提高了与洋货的竞争力,获利丰厚。

受李鸿章的器重,任上海道库惠通官银号经理的严信厚,借机创办源丰润票号,资本高达100万两银圆。1897年,得盛宣怀力助,严信厚和同乡叶澄衷、朱葆三等创办了中国第一家民族资本银行——中国通商银行,并任总经理、总董。中国通商银行的创办大大推进了中国金融业的近代化进程。

1902年2月,在盛宣怀的授意下,严信厚在上海筹组成立我国第一个商会组织——上海商业会议公所,并担任首任总理。1904年,严信厚将上海商业会议公所改为上海商务总会,又担当第一任总理。

严信厚通过数十年在天津、上海、宁波等地的金融及工商业活动,声名鹊起,把大批宁波籍人士吸引到自己周围,在金融及工商界形成了一个很有影响、很有势力的"宁波帮"。严信厚对宁波商帮从一个传统商帮转型成一个举足轻重的近代企业家群体起到了"领头羊"的作用,被公认为"宁波帮"第一人。

再说叶澄衷。1857年,他17岁,摇着舢板穿梭在黄浦江上,向外轮水手贩卖所需杂货。一天,一个洋人乘他的舢板过渡到十六铺,遗落了一只小皮包。叶澄衷发现后,就一直等洋人来取,最终将皮包完好奉还。这位洋人原来是英国火油公司驻中国部经理,他看这个中国少年诚实,就请他去管理火油仓库。

五年之后,叶澄衷就在上海虹口开设了顺记五金洋杂货店,承办外轮所需船舶五金,又进口英国配件,营业大盛。没过几年,总号移设百老汇路,扩大营业。当时美孚石油公司以优惠条件委他经销美孚火油,使其资本益

第六章
风劲潮急·清代

叶澄衷创办的叶氏义庄

厚。后来叶澄衷相继在上海及江浙、华中、华北各大商埠开设分号18所,遂成巨富,时称"五金大王"。

叶澄衷又投资金融业、房地产业、沙船业等多种行业。他经营了上海第一家华商钢铁煤炭商号,又在上海相继创办鸿安轮船公司、燮昌火柴厂、纶华缫丝厂。他参与创办中国通商银行,并担任总董。至19世纪末,叶澄衷的动产达银圆800万两,成为宁波商帮早期的实业巨子。

叶澄衷热心社会公益与慈善事业,一直有着"兴天下之利,莫大于兴学"的心愿。他因家贫幼小失学,深感痛苦。于是他回家乡镇海庄市,出资3万两白银兴建叶氏义庄,在义庄内建叶氏义塾。后来叶氏义塾发展为中兴学堂,在20世纪二三十年代,培育出了包玉刚、邵逸夫等一大批优秀学子。

镇海郑氏十七房

1899年9月,已经病重的叶澄衷,捐建了中国第一所私立新式学校,取名澄衷蒙学堂。当学堂正式开学时,光绪皇帝御笔"启蒙种德"以勉。1902年,任澄衷学堂总教习的蔡元培代理校长。澄衷学堂后为澄衷中学,培养了如李四光、胡适、竺可桢、李达三、钱君匋等一大批著名人士。

镇海澥浦,有一片明清建筑群,它就是著名的"郑氏十七房"。郑氏十七房建筑规模恢宏,工艺精湛,画梁飞檐,精雕细刻。宅内还保留着乾隆年间

第六章
风劲潮急·清代

成亲王亲笔题词"淇水烟波半含春色"的木刻手迹。

郑氏随宋南渡迁居澥浦,繁衍成族。郑氏望族世代为官,到了清代,却以儒商发迹。郑氏十七房商人,一代代外出经商,为宁波帮萌芽时期最早经商的家族之一。郑勋,在上海开办了宁波帮最早的钱庄,生意兴隆。当上海钱庄业兴起时,他却转到宁波自开钱庄,不久就成了宁波钱庄业的巨头。1852年,郑景丰在宁波创办全盛源记民信局,为国内民信局中最有威望、最有影响的一家。

宁波向来是一座商埠,有深厚的商贸传统。明朝万历到天启年间,鄞县商人就在北京创设"鄞县会馆"。清初,在京的慈溪商人创立了"浙慈会馆"。乾嘉年间,宁波商人在汉口建立了"浙宁会馆"。嘉庆二年(1797年),宁波在沪商人成立了"四明公所"。四明公所把上海的宁波人集合起来,在上海形成了一股强大的势力。

19世纪八九十年代以后,宁波商人将商业利润投资于航运业、金融业、贸易业、制造业等新兴领域,形成实力雄厚的金融资本和工业资本,确立了其在近代最重要的经济中心——上海的霸主地位。

宁波新式商人群体,是中国近代最大的商帮,形成了现代中国最有影响力的工商集团——宁波帮。

19世纪,德国地质学家李希霍芬考察了中国各地后得出结论:"宁波人在勤奋、奋斗努力、对大事业的热心和大企业家精神方面较为优秀。宁波人在上海的势力很大,船夫、水手的大部分都是宁波苦力,势力更大的是买卖人。尤其是商业中的宁波人,完全可以和犹太人媲美。"

| 近代医教 |

西学东渐开风气

1843年秋冬之际的宁波城，战祸已过，正准备开埠通商。一艘外国轮船靠上江北岸码头，一位长满胡须的洋人孤身登岸，他就是美国传教士马高温。他带了一个行李箱，里面装满了大大小小的瓶子。瓶子里是各色片状的东西，这就是宁波人从未见过的西药。

马高温在宁波城北的佑圣观租了几间房子，办起了一家设备简陋的诊疗所，取名"浸礼医局"。这是宁波城里第一家西医医院。一些胆子大的宁波人走进这里看病，尝试那些玻璃瓶中的小药片，发现效果居然不错。

1875年，年迈的马高温离开医局，由另一位美国传教士白保罗接任。而此时的医局，迁到了北门城墙外的姚江边，在宁波士绅的资助下，医局的规模已经有所扩增。白保罗将医局的名字改成了"大美浸礼会医院"。

1889年，美国传教士、医学博士兰雅谷来任第三任院长。为谋医院发展，更好地与华人合作、为华人服务，兰雅谷将医院更名为"华美医院"。1920年，兰雅谷六十大寿，宁波的士绅百姓自发为其庆祝。兰雅谷将寿宴

浸礼会医院(华美医院)建筑旧影

华美医院旧影

原华美医院旧址,现宁波市第二医院

上收到的五百余份贺礼全部捐赠给医院,用于购买医疗设备。

1922年,兰雅谷决定建造新院。他倾囊助医,黎元洪、冯玉祥、曹锟、虞洽卿等军政要人和社会名流也纷纷捐款。兰雅谷与政府协商,将拆除的城墙基地让作医院使用,廉价购买城墙上拆下来的城砖、城石用于建造医院。医院大楼于1926年动工兴建,历时四年完工。新的华美医院在姚江之畔依水而立,中西合璧的典雅建筑,成了宁波一道美丽的风景。

宁波开埠后,西风东渐,开风气之先的,除了西医,影响更大的是教会开设的新式学校。

1844年,立志东方女子教育的英国传教士阿尔德赛小姐,在宁波城内祝都桥开设了一所女塾,免费招收女学生,并供给衣食起居。这是中国内地最早的教会学校,也是中国第一所女校。1857年,阿尔德赛离甬时,女塾与美国传教士柯夫人设立的一所女校合并,称崇德女校,校址在槐树路。1860年,美国传教士罗夫人在城北江滨开设了一所圣模女校。1923年,崇德女校和圣模女校中学部组成甬江女子中学,美籍华人徐美珍女士为第一任校长。甬江女中于1927年由国人自办,沈贻芗为校长,甬江女中得到很大发展。

到了21世纪,宁波建设和义大道购物中心,学校拆除,只留下两栋旧址,是建于1922年的教学楼和建于1930年的体育馆。这是宁波乃至全国教育史上难得的旧址。2015年,教学楼旧址建成全国第一家教育博物馆——宁波教育博物馆。

1860年,英国牧师阚斐迪在宁波竹林巷创学塾,称"大书房"。后几经迁址改名,规模逐步扩大,1906年改名华英斐迪学堂。辛亥革命后,改名为宁波斐迪学校。1935年与四明中学合并为浙东中学。1954年改为宁波市立第四中学。

第六章
风劲潮急·清代

宁波教育博物馆

1868年,英国传教士戈柏和禄赐在宁波贯桥头设立贯桥义塾。1876年,霍约瑟来宁波主持教务,迁义塾于孝闻坊,取名"三一书院"。三一书院不断发展,经多年改革,教学质量在宁波中等学堂中遥遥领先。三一书院历经三代,七易校名,九迁校址。1952年学校改名为"宁波市第三中学",目前为浙江省一级重点中学。

鸦片战争后宁波开埠,西方传教士纷至沓来,其创办的教会学校曾多达18所。教会学校的发展,带来欧美教育制度和教学内容,打破了单一的封建教育模式,深刻地影响了近代宁波教育。

1897年,张之洞在南京创办江南储才学堂刚过一年,宁波知府程云俶与郡人严信厚、汤仰高、陈汉章、盛炳纬、张美翊等发起投资赞助,创建宁

1923年春建造的濒临姚江的私立甬江女中校舍

原甬江女子中学大礼堂和教工宿舍

第六章
风劲潮急·清代

波储才学堂。学校官办民助,校舍用月湖西岸废弃的崇教寺,并聘请慈溪(今慈城)人杨敏曾任储才学堂首任监堂(校长)。

当时宁波有崇实书院、辨志精舍、月湖书院和鄮山书院四处书院,皆为官府主导的旧式书院,早已不适应作为通商口岸且西学日盛的宁波。创设之初的宁波储才学堂,曾泛称中西格致华堂、宁郡中西学堂、中西格致学堂等,无不凸现出当时西学东渐之风。宁波储才学堂一时独领风气之先,规模日隆,声望日增,被称为"浙东第一校"。第一批进校的学生中,有成为中国近代物理学先驱、北京大学物理系首任系主任的何育杰,爱国诗人、曾任《天铎报》主笔和北大教授的洪允祥,民国时期曾任财政总长的李思浩,民国时期宁波市首任市长罗惠侨等。

1904年,宁波储才学堂改名为"宁波府中学堂",请张之洞题写校名。张之洞欣然应允,大笔题下"宁波府中学堂"。

全省有志青年纷纷来到宁波府中学堂学习。在这一新气象的促使下,1905年,宁波教育会会长张美翊、副会长陈训正向知府喻兆藩建议创办宁波府师范学堂,选址为原月湖书院。这是浙江省最早的一所师范学堂。

1907年喻兆藩升任宁绍台道,将奉化江畔几十亩道场拨归宁波府中学堂建新校舍,建筑规模和教学设备超过洋人开办的学校。1908年4月,新校落成开学。由于经费来源充足,学费低廉,除浙江省外,江西、安徽两省青年也来校就读。

1911年辛亥革命后，宁波府中学堂归省辖，改称省立第四中学堂，后又改称省立第四中学。今天，它是宁波中学，是浙江省首批一级重点中学，并入选"中国百年名校"陈列馆。

中国第一位获得诺贝尔生理学或医学奖的屠呦呦，曾在前身是崇德女校的崇德小学读初小，在甬江女中读初三，又在1950年进入宁波中学读高三，毕业后考入北京大学医学院。近代开创的宁波新式教育，百年之后，培育了一位世界顶尖的科学家。这真是沧桑命运最终的美意。

第七章

拂晓问舟

| 辛亥革命和宁波 |

街衢遍处白旗悬

1911年11月5日中午，宁波城突然出现一匹白马，骑在马上的，是一位穿黑西装的年轻人。他身后跟着许多学生，学生全都臂缠白布，手拿"保商安民"旗子，沿途高喊"革命军来了！"城中民团马上与之会合，一起参加游行。市民仓促间搞不清状况，都纷纷缠扎白布、竖起白旗表示响应，一时间全城白旗林立。

"九月望日好音传，街衢遍处白旗悬。鸡犬不惊大事定，人人始得高枕眠。"目睹此事的诗人陈炳翰这样愉快地写道。

轰轰烈烈的辛亥革命中，宁波光复竟如此和平。这位穿黑西装的年轻人，就是同盟会会员卢成章。

武昌起义的消息传来后，宁波城骚动不安。宁波同盟会支部策划响应起事。陈训正、范贤方、魏炯、林端辅、章述旗、赵家荪等筹谋，用"保地方治安名义"，成立了民团，借此掌握武装。

宁绍道台文溥多次指使宁波知府江畚经逮捕范贤方、魏炯等人，但江畲经倾向革命,他对文溥说:"现在满城都是革命党人,怎么抓?您还是为自己考虑吧!"文溥见势不妙,当夜逃往上海。

范贤方邀集驻军军官和各界代表,成立保安会。1911年11月5日上午,保安会举行第一次会议。范贤方主张当日宣布独立,赵家荪坚持要等上海的消息,双方争执不下,最终"不决而散"。这时,武昌起义后回国参加光复大业的英国留学生卢成章果断行动,他来到父亲卢洪昶创办在西城的育德农工学堂,振臂一呼,顿时应者云集。卢成章召集学生,骑一匹白马为先导,进入城中。民间从此流传"卢成章单骑克宁波"之说。

第二天,革命党人在小校场召开誓师大会,正式宣布宁波独立。12月26日,宁波军政分府举行新年招待会,邀请在宁波的各国领事官员和教会、医、商等各界人士。军政分府的外交部部长卢成章在招待会上讲话,他说明革命党人是要"去砸碎旧的枷锁,为自由和美好的政府而斗争"。

1912年1月13日至15日,宁波各界群众举行了盛大的提灯会,庆祝中华民国成立暨孙中山就职临时大总统。上万群众聚集在小校场。光复后的宁波人民"欣喜欲狂",会场"发出巨大的欢呼声"。

辛亥革命成功后,孙中山辞去国民政府临时大总统之职,由袁世凯接任。袁世凯冒天下之大不韪,复辟帝制,登基当上皇帝。在全国的讨伐下,当了83天皇帝的袁世凯被迫下台,羞愤而死。袁世凯死后,黎元洪继任总统,政局暂时安定。1916年8月,孙中山先生从上海出发至杭州视察。这时,省立第四中学堂校长励建侯电邀先生来甬。

8月22日11时,先生乘火车到达宁波。下午2时,孙中山先生在四中讲堂向宁波各界人士发表演说。先生指出:宁波风气之开,在各省之先。

中山公园

中山公园

宁波人富有经营工商业经验和才能,但宁波发达的实业多在外埠,而在本地发展实业更为重要。宁波有优良港口,地理位置不亚于上海,商贸繁盛本不至在上海之下。他对宁波提出三点希望:振兴实业,讲求水利,整顿市政。将来整顿有方,自可为各省之模范。

演讲结束后,先生为励建侯校长题写了条幅:"天下为公",和与会的社会各界人士以及学校师生分别合影。当晚先生下榻四中讲堂东北边的"花楼"。先生在花楼里和励建侯校长恳谈,希望四中多为国家培养人才。

第七章

拂晓问舟·民国

第二天上午,孙中山先生在赵家艺等人陪同下,坐轿到竹洲女子师范观览,小憩后再到天封塔登高远眺甬埠。中午,先生来到后乐园,参加了宁波各界代表欢迎公宴。

1925年3月12日,孙中山在北京病逝。人民为了纪念这位伟大的革命者,纷纷筹建以他名字命名的公园——中山公园。1929年秋,宁波中山公园落成。公园入口的西式门厅高大雄伟,"中山公园"四个大字高悬在门额上,为当时宁波名流、清末会元何锡冕所题。进入中山公园,首立孙中山总理遗嘱亭,内勒石碑一块,上镌总理遗嘱,是沙孟海青年时期手迹。过一小桥,有"景行"牌楼,始建于清道光十七年(1837年)。向前行可进入八角铁亭,称"闲乐亭"。西侧濒水有书楼,其屋系府学文昌阁旧料移建。

中山公园三山鼎立,一水环绕。除独秀山外,尚有前山和后山。前山是故有的,称府后山,位于公园进门东侧,为泥石堆垒之假山,登高可一览公园全景。后山位于公园北端,它是1927年建公园时,挖河泥土堆造起来的。经垒置巨石后,巉岩嶙峋,怪石峥嵘,拾阶回旋,可登山顶。

中山公园建成后,正如当年《时事公报》上所说,是"甬上空前伟大之建筑物,为甬人增光,为民众造福"。从此,中山公园真正成为市民游乐休闲的公共活动场所,和一代代的宁波人结下了不解之缘。

中山先生"天下为公"的思想,就这样被一座公园凝固了下来,让每一个普通百姓身历其中。

| 天下宁波帮 |

鸥群浩荡飞江表

辛亥革命风起云涌。这场革命大潮中,在中国最大的商埠上海滩上,一群宁波商人如同搏击风浪的海鸥,经受了血与火的洗礼。

山雨欲来风满楼,辛亥革命前夕的上海,形势紧张。在上海公共租界云南路上的宁商总会,朱葆三、虞洽卿等宁波帮的头面人物常在里面打牌,约人会谈。这里也是掩护革命党人和秘密集会的地点。朱葆三还与陆维镛、虞芗山等宁波帮人氏,共同发起组织"商界共和团"。商团拥有武器,接受军事训练,是一个准军事性质的武装团体。

武昌起义爆发后,上海革命党起事,商团起义,城内文武官吏纷纷出逃。上海城未经战斗即被商团占领,宣告光复。

上海光复不久,年逾花甲的朱葆三出任上海都督府财政总长。那时,沪上商业凋敝,金融动荡,而战事频频,各省以及北伐诸军都取道上海,军费开支甚大。朱葆三上任之后,正如他在《朱葆三呈孙大总统沪军都督文》中所述,"兢兢业业,夙夜旁皇,力效驰驱,勉尽天职"。

第七章

拂晓问舟·民国

朱葆三是定海人，14岁到上海当学徒。后得同乡叶澄衷的支持帮助，成为上海五金行业领袖。他创办、投资的银行、保险公司、轮船公司、电车公司、自来水公司、绢丝厂、水泥公司、面粉厂等企业星罗棋布。历任宁波旅沪同乡会会长、上海商务总会协理等职，成为上海工商界显赫一时的领袖人物。

辛亥革命后，趁兴办民族工业的热潮，他又先后投资数十家企业，成为全国闻名的商业巨子。历任上海总商会会长、全国商会联合会副会长、上海慈善救济协会会长等职。晚年仍致力于社会公益事业，先后创办和投资二十多项社会慈善和教育事业。

1926年9月2日，朱葆三与世长辞。宁波旅沪同乡会为会长朱葆三下半旗志哀三天。为表彰朱葆三在社会公益和市政建设上的功绩，上海法租界当局将租界内的一条马路命名为"朱葆三路"。

虞洽卿和朱葆三一样，积极支持辛亥革命，曾腾出房子供同盟会秘密活动，派人保护同盟会上海支部负责人陈其美。上海光复后任都督府顾问官、外交次长等职。

虞洽卿是慈溪龙山（原镇海）人。14岁到上海做学徒，从十六铺码头下船后，恰逢天下大雨，他怕母亲做的新布鞋被浸湿，便赤脚前往瑞康颜料行，老板一见便说"赤脚财神"上门了。他后来当上多家洋行买办，独资开设通惠银号，发起组织四明银行。辛亥革命后，他与人合伙创办上海证券物品交易所，任理事长。为反对日本提出的二十一条，他在上海组织了救国储金团，借此扩充实力，维护民族工业，打击日货，后当选为全国工商协会会长、上海总商会会长，任工部局董事会华董。宁波旅沪同乡会会长朱葆三去世后，虞洽卿由副会长接任会长。虞洽卿曾先后创办宁绍、三北、鸿安轮船公司，三家公司有船三十余艘，总吨位9.1万余吨，约占全国民族航运业总吨位的七分之一,为当时国内民营航运业之冠。

他平素奉尚俭约,捐输赞助家乡公益事业却十分大方。辟公园、办学校、设轮埠、造小铁路,所费极多。照"八一三"事变前物价计算,他用于龙山一带的公益经费,几乎超过其当时的全部财产。

1936年虞洽卿七十大寿,在工部局华董们建议下,工部局将公共租界内的西藏路命名为"虞洽卿路",以纪念虞洽卿先生七十寿辰和他致力公共事业55周年。当年10月1日举行命名仪式,上海如逢盛会,全城庆祝,可见虞洽卿在上海的巨大声望。

1937年淞沪会战中,虞洽卿任上海市反日救国会会长,被日军视为"上海排日领袖"。他号召爱国商人,将一艘艘装满石头的商船自沉于江阴江

虞洽卿故居

虞洽卿故居的西式建筑

虞洽卿故居回廊

面,封锁日舰沿长江西进南京。淞沪会战后又主持"上海节约救难委员会"。他断然拒绝出任上海伪政府市长。日军占领租界后,虞洽卿又离开上海,转道香港赴重庆,组织了三民运输公司,到大后方经营滇缅公路运输,支持抗战。

1945年4月26日,虞洽卿在重庆病逝。同年11月,其灵柩由专轮送到三北,安葬在家乡伏龙山上。

在上海滩,宁波"小港李家"赫赫有名。从"发财太公"李也亭到上海光复后曾任市政厅长的青帮大字辈李征五,李氏家族书写了一个传奇。小港李家的子弟涉足沪甬等地工商、航运业,使小港李家成为上海风光百年的金融工商业家族集团。

经过晚清的发展,到了民国时期,"宁波帮"达到鼎盛。宁波商人几乎遍履天下,以"无宁不成市"而闻名遐迩。宁波人所到之处,那里的商业活动就繁荣起来。宁波人在各地还经营了许多名店、大店,如北京、天津、上海等地的同仁堂、童涵春、蔡同德等著名药铺,亨得利、亨达利钟表店等等。

1912年,方液仙在上海创办我国第一家日用化工厂,被称为中国日用化工奠基人。1922年,董杏生开辟了上海第一条公共汽车线。1923年,周祥生在上海创办祥生出租汽车行,发展至上海出租车业之首。1930年,煤炭大王刘鸿生创办大中华火柴公司,为当时中国最大的火柴厂,被称为"火柴大王",以后在全国各地兴办几十家企业,又被称"企业大王"。

从晚清至民国,宁波帮创造了第一艘商业轮船、第一家机器轧花厂、第一家商业银行、第一家机器制造厂、第一家西服店、第一家日用化工厂、第一家保险公司、第一家由华人开设的证交所、第一家信托公司、第一家味精厂、第一家灯泡厂等百余个"中国第一"。

1916年孙中山在宁波演说时,就对宁波帮企业家做过高度评价:"宁波

第七章
拂晓问舟·民国

人对于工商业经营,经验丰富,凡吾国各埠,莫不有甬人事业,即欧洲各国,亦多甬人足迹,其能力与影响之大,固可首屈一指者也。"

抗战前后,上海的宁波帮商人许多迁往香港发展,为香港地区的繁荣做出了贡献,涌现了董浩云、邵逸夫、包玉刚、王宽诚、安子介等世界级的工商巨子。宁波帮的鸥群,飞向更广阔的世界,续写着搏击风云的辉煌乐章。

| 古城新貌 |

灵桥东锁去波迟

1931年秋,一位中年人巡走在宁波刚被拆除的古城墙的颓垣废墟间,他不时弯腰捡起一块城砖并装入麻袋。他名叫马廉,鄞县人,时在北京大学任教,因儿子生病而回到家乡。他到宁波时,宁波城墙拆除已接近尾声。拆除的古城墙中,汉晋以来的古墓砖俯拾皆是。

马廉朝夕背负着装砖的麻袋,在各处寻觅。短短两年内,他拾获铭文砖近千块。1933年天一阁重修时,他把所藏古砖悉数捐献给了天一阁。天一阁特辟一室陈列,因其中有不少珍贵的晋砖,所以命名为"千晋斋"。

鄞县"五马"曾蜚声京城,马裕藻、马衡、马鉴、马准和马廉五位亲兄弟,都是北京大学和燕京大学教授。马衡还曾任故宫博物院院长。

1916年8月下旬,孙中山应邀来宁波视察。他从江北火车站下车,经过浮桥新江桥,从东渡门进城,一路目睹了宁波城道路狭窄、环境脏乱的状况。在随后对宁波各界人士的演说中,他深切期望宁波人办好三件大事,其中一件就是"整顿市政"。孙中山先生的期望对宁波触动很大。

第七章
拂晓问舟·民国

曾是子城南门的鼓楼

宁波唐代建子城和罗城,经宋元明清,到民国初年,城墙和六座城门基本完整。整顿市政,改造道路交通是首要之事。于是,这座挡在眼前的千年古城墙,终于被推上了时代的祭坛。1920年春,鄞县成立宁波市政筹备处,提出了拆城造路的议案。从1928年至1931年,雄踞三江口千年的宁波古城墙,除破旧的鼓楼和庆云楼外,被全部拆除。

拆除城墙后,利用坚实的城基,在上面修建了环城马路。宁波古城墙消失了,而六座城门的名字则作为路名留存至今,它们是灵桥路、长春路、望京路、永丰路、和义路、东渡路。破损严重的钟楼庆云楼在1958年8月的一场大台风中被刮塌,后被拆除。而曾是子城南门的鼓楼,经过修建,至今仍矗立在宁波市中心,成为宁波古城唯一的标志。

民国宁波的城市建设,影响最大的,除了拆城墙,就是建造灵桥。

灵桥又称老江桥,建于唐长庆三年(823年)。当时的灵桥由16只舟船

第七章
拂晓问舟·民国

建于1936年的灵桥旧影

缆索排列而成,上铺木板。

灵桥位居闹市,为交通要道,历代官府和地方均十分重视,屡坏屡修。但浮桥桥身随潮汐涨落上下起伏,人过车驰,极不稳固,一遇台风暴雨、大潮汛期,上游山洪暴发,江水流势汹涌,更是险象环生。时有断链折索、舟排漂散、行人落水。1926年的一次山洪暴发,灵桥被冲断,桥上行人落水者达五十余人,最后仅三人获救。

1931年3月,宁波旅沪同乡会第三次提议改建灵桥,8月沪甬两地同时成立"改建老江桥筹备委员会"。乐振葆、张继光偕同技术人员多次来甬勘察测量桥址,作出经费预算:共需七十万元。沪上负担七成,甬上负担三成。

七十万元,这在当时简直就是一个天文数字。张继光,上海近代建筑业

今日灵桥

灵东夕照

的奠基人之一,他自己先带头捐了一万银洋,然后拿一本募捐簿,一个一个上门去募捐。虞洽卿、杜月笙、孙衡甫、徐庆云等政要巨贾纷纷解囊相助。

1934年3月12日下午3点,上海筹委会主任乐振葆代表老江桥改建委员会,与德国西门子洋行在上海正式签订了建造合同。

灵桥采用上海工部局英籍工程师詹姆生的设计方案,为单孔钢梁环形桥。由德商西门子洋行总承包。灵桥全长132米,跨度97.5米,宽20米。为当时中国最大的独洞大环桥。桥体银灰色,直柱林立,拱梁飞架,颗颗铆钉犹如点点繁星,线条简明流畅,造型壮丽挺拔。

1936年6月27清晨,宁波市区三江口灵桥路及江厦街一带已是人山

第七章
拂晓问舟·民国

人海，水泄不通，宁波城中几乎是万人空巷。人们涌向即将举行通桥典礼的灵桥。

上午8点，灵桥改建筹委会委员和参加典礼的中外官员、各地嘉宾在平政祠参加祭祀后，全体抵达灵桥。乐振葆、金廷荪、张继光和鄞县县长陈宝麟为建桥纪念塔揭幕。在礼炮声和悠扬音乐中，上海商会杜月笙带领沪方委员由西至东走过大桥；省主席代表杭州市市长周象贤带甬方委员由东至西走过大桥。典礼一过，宁波百姓抱子领孙涌上灵桥"走头桥"。

灵桥横空出世，气势如虹。但它建成后，劫难不断。1937年8月淞沪战役爆发，灵桥及其所处的繁华闹市区遭到了日机的集中轰炸。1949年5月24日宁波解放后，退守舟山的国民党军队出动了大批飞机轰炸宁波，首要目标就是浙东重要交通枢纽——灵桥，灵桥一带遭受了二十几次轰炸。两次大轰炸，都无法炸断灵桥，都只在桥面上炸出一两个大洞，钢梁被弹片炸伤几处。

从1950年至今，宁波政府对灵桥数次进行大规模的修缮。今天的灵桥，和当年的形象没有太大的差别，桥头仍是民国大书法家谭泽闿题写的桥名。这座钢铁之躯像丰碑一样屹立在奉化江上，成为宁波这个城市独一无二的标志，成为宁波人一个形象鲜明的精神象征。

| 近代文化名家 |

妙手恐是松雪翁

1881年的春节，赵叔孺年方八岁。他父亲在家里大宴宾客，席中有一位长辈林颖叔，听说叔孺是神童，五岁时就能画马，要他出来相见，当众作画。叔孺领命，挥毫绘就一幅神骏的奔马。

今天宁波市区的孝闻街上，有一座旧藏书楼叫伏跗室，是民国浙东著名藏书家冯孟颛的故居。伏跗室原是赵叔孺家的前厅，由冯家从赵家购得。但赵家的水井在前厅。于是两家约定共饮一井水，在旁边开一小门，方便赵家人进出。

辛亥革命后，赵叔孺携眷到了上海，以篆刻字画为生。他金石书画样样皆通，尤擅画马，有"一马黄金十笏"之称。在20世纪30年代的上海，赵叔孺的鞍马、吴湖帆的山水、冯超然的人物、吴待秋的花卉，有"四家绝技"之誉。

赵叔孺的篆刻，时人推崇为二百年来第一。赵叔孺活跃于海上印坛之初，正是吴昌硕声誉如日中天之时。沙孟海在《沙村印话》中称："历三百年

第七章

拂晓问舟·民国

孝闻街伏跗室,原为赵叔孺家前厅

伏跗室内水井

之推递移变,猛利至吴缶老(吴昌硕),和平至赵叔老(赵叔孺),可谓惊心动魄,前无古人。"

赵叔孺被称为"近世之赵孟頫"。赵叔孺弟子七十二人,其中陈巨来、方介堪、叶潞渊、张鲁庵、徐邦达、潘子燮等,俱成书画篆刻大家。沙孟海也曾尊赵叔孺为师。1936年宁波灵桥建成时,桥畔立有一块重建灵桥碑。碑文由鄞县县长陈宝麟撰写,沙文若书丹,赵时枫篆额。沙文若就是沙孟海,赵时枫就是赵叔孺。师徒二人合作,以此抒写家乡宁波。只可惜此碑今已不见。但天一阁收藏了它的碑拓,实为珍贵。

沙孟海出生在鄞县塘溪镇沙村一个乡医家庭,自幼喜书画篆刻。1919年,沙孟海从宁波月湖畔的省立第四师范毕业,到镇海县立高等小学任教。沙孟海埋头读书、精研书法篆刻。慈溪冯君木在宁波后乐园办国学社,开馆收徒。沙孟海得知后赶去，以一篇四六骈文和一手漂亮的书法考入。

沙孟海是家中大哥，分担了抚养诸弟的沉重责任。冯君木引荐他去上海两位宁波籍的富商家当家庭教师。沙孟海到了上海，拜访乡贤赵叔孺，入其门下；又与朱彊村、章太炎、马一浮等宿儒交往；访晤了康有为、郑孝胥等前辈，受益良多。陈巨来的岳丈况蕙风，十分欣赏沙孟海的印艺和为人，便设法让沙孟海与吴昌硕单独见面。沙孟海以印蜕求教一代宗师，得到嘉许。

1925年春，上海巨商慈溪人秦润卿创建修能学社，请冯君木出任社长。冯君木应邀来沪，见到昔日的学生沙孟海，惊叹士别三日当刮目相看。他聘同乡陈布雷、钱太希等为修能学社教授，破格聘请沙孟海担任助教。

沙氏故居

第七章
拂晓问舟·民国

沙孟海声名鹊起,鬻文卖字日渐红火。他把诸弟一个一个接出来读书。二弟文求在复旦求学期间参加了革命工作,大革命时期任广州市委秘书长,广州起义时与陈铁军烈士一同壮烈牺牲。1927年四一二政变后,沙村老家被国民党特务洗劫。沙孟海将父母和全家人带到上海,努力支撑养活一大家子。继二弟之后,两个弟弟也相继参加了革命。老三沙文汉是共产国际的红色间谍,新中国成立后出任浙江省第一任省长。老四沙文威是李克农、潘汉年手下的谍海干才。

抗战时沙孟海经陈布雷推荐,曾在蒋介石侍从室任职。1946年,沙孟海在教育部任秘书。蒋介石特地请他重修《武岭蒋氏宗谱》。历时两年余,新谱定稿。进谱之日,蒋氏宗祠热闹异常,挂灯结彩,大摆酒席。蒋介石请吴敬恒为报本堂题写堂额,请沙孟海作一副堂前楹联。楹联由蒋介石书写后,制匾挂于堂前两侧。

改革开放之后,随着新时期文艺事业的复苏,沙孟海重获新生,迎来了他书法艺术蓬勃怒放的春天。他厚积薄发,杰作如云,被尊为当代书坛泰斗。

"西子风韵,太湖气魄"的东钱湖,距沙孟海的故居沙村十几公里。1992年,鄞县人民政府在东钱湖畔建成了沙孟海书学院。4月25日,在沙孟海书学院开院前夕,沙孟海不幸骨折。因病情突变医治无效,同年10月10日,一代书学泰斗与世长辞。

民国时期,宁波的文化名家如群星璀璨。我们再说一位。

宁波市宁海县城五公里外,有一个冠庄村。距冠庄村七八里有一座海拔四百多米的高山,叫雷婆头峰。当年,一位少年常来雷婆头峰脚下的一块山地干活,砍柴放牧。干累了就倚树休息,掏出随身携带的纸笔,画雷婆头峰。画得入神时,天下雨了也不知道。后来他曾对友人说:"我是雷婆头

沙孟海书学院

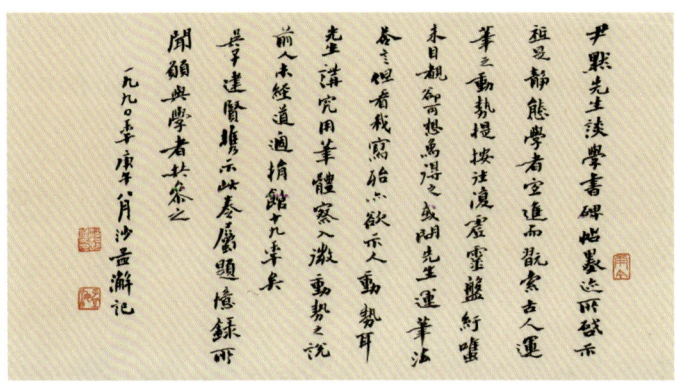

沙孟海《沈尹默遗墨跋》

沙孟海书学院——砚镜台（沙孟海陵园）

第七章
拂晓问舟·民国

峰上的一块石头。"因此,他喜以"雷婆头峰寿者"自号。这人就是潘天寿。

1897年,潘天寿生于冠庄村。入村中私塾读书时,热心于临摹《三国演义》《水浒传》等小说插图。后入县城正学小学读书,课余仍喜爱书法、绘画、刻印。在县城纸铺购得的《芥子园画谱》及数本名人法帖,成为他自学国画和书法的启蒙教材。从此,他立志毕生从事国画。

1915年考入杭州省立一师。受教于经亨颐、李叔同等大师。1920年毕业后回宁海正学高小教书,刻苦自习绘画、书法、篆刻,曾为同乡作家柔石作画。三年后到上海,先后任教于上海美专及新华艺专,结识吴昌硕、王一亭、黄宾虹、吴茀之、朱屺瞻。其画风向吴昌硕接近,由原先的恣肆挥洒转向深邃蕴藉。

1928年春,潘天寿应邀担任杭州国立艺术院中国画主任教授。自此定居杭州。抗战期间,潘天寿赴重庆磐溪的国立艺专任校长。抗战胜利后,国立艺专迁回杭州,潘天寿仍任校长。

潘天寿远师徐渭、朱耷、石涛等人,近受吴昌硕影响。晚年吴昌硕成为潘天寿的忘年交,他赞叹潘天寿"年仅弱冠才斗量""天惊地怪见落笔"。潘天寿的作品"强其骨""一味霸悍"。这种强霸静穆而恒久,正如他一再的题款:"雨后千山铁铸成"。他以奇雄阔大、勃发着精神的张力和豪气,成为中国传统绘画的最后一位大师。

1962年初冬,潘天寿回到故乡,在南溪温泉即兴挥毫作《兰石画》一幅,赋诗道:"踪迹十年未有闲,喜今便得故乡还。温泉新水宜清浴,爱看秋花艳满山。"故乡的温泉山花今犹在,雷婆头峰寿者何时再来?

| 烽火岁月 |

星光映着杭州湾

"星光映着杭州湾,月色迷着四明山,我们雄壮的民族革命队伍,冲过敌人碉堡下面。我们马儿不嘶,我们轻装向前,冲过浙赣线……"

这是一首描绘新四军浙东游击纵队的歌曲。当年新四军就是这样南渡杭州湾,在宁波建立了浙东抗日根据地。

1941年4月14日,为了封锁中国东南沿海,夺取中国战略物资的转运港宁波港,配合实施其"南进"政策,日军发动了蓄谋已久的宁绍战役。国民党军队经过短暂抵抗后便仓皇溃退,主力败退到天台内地。到4月23日,短短九天,浙东大地全部沦陷。

延安的中共中央和毛泽东发电,号召在沪杭甬及杭州湾两岸敌后开展抗日游击斗争。新四军第六师师长兼政委谭震林和中共浦东工委遵照党中央指示,派遣浦东抗日武装南下浙东,开辟敌后根据地。从1941年5月到1942年9月,有九百人的武装队伍从浦东分七批横渡杭州湾,在三北古窑浦一带登陆。

第七章

拂晓问舟·民国

今日杭州湾新区拔地而起的高楼

1941年6月18日,在三北登陆的五支四大130多人,在大队长林有璋、教官蔡群帆的率领下来到崇胜村。他们伏击了从相公殿返回庵东据点的一小队日军,打响新四军三北敌后抗战第一枪。日军8死8伤,仓皇逃窜,丢下了两具被斩去右臂的尸体。

1942年6月至7月,谭启龙、何克希、顾德欢等主要领导南渡三北。7月底,在宓家埭宓大昌大屋成立了中共浙东区委,谭启龙任书记。8月,在白洋湖畔的金仙寺成立"三北游击司令部",谭启龙任政委,何克希任司令。

浙东行政公署旧址

余姚梁弄浙东抗日根据地旧址

浙东行政公署及教导大队旧址

第七章
拂晓问舟·民国

三北根据地的抗日武装正式组建为第三支队、第五支队。从此,宁波百姓习惯地称呼浙东新四军为"三五支队"。

中共浙东区委面对三北险恶的斗争形势,作出了"坚持三北、开辟四明山、控制会稽山"的决定。1943年4月,三五支队经过激烈战斗,攻克了汪伪军盘踞的梁弄镇。同年8月,中共浙东区委、三北游击司令部进驻梁弄。之后,三北游击司令部改名为"新四军浙东游击纵队司令部",何克希任司令,谭启龙任政委。后又成立浙东行政公署,主任连柏生。浙东抗日根据地划分为浦东、三北、四明、金萧4个行政区,辖14个县政权。自此,梁弄成为浙东敌后抗日根据地党政军指挥中心,欣欣向荣,蓬勃发展,被誉为"浙东小延安"。

梁弄镇附近一片很普通的山岭,它有一个美丽的名字——桃花岭。1944年2月11日,新四军浙东纵队在此发起前方村战斗,要消灭人称"田胡子"的田岫山国民党顽军一部。战斗进行得很顺利。但没有想到的是,人数达5000人的装备精良的国民党突击营突然赶来增援,从背后袭击,部队被包围。

形势极其危险。纵队警卫大队指导员成君宜带领战士们英勇阻击优势之敌,掩护纵队司令部和主力突围,壮烈牺牲。前方村战斗,牺牲干部战士达98人,这是浙东新四军最惨重的一次伤亡。当时形势十分危急,民兵和村民从战场抢抬下牺牲的战士,根本来不及细查这些战士的姓名,就把遗体仓促地埋在了桃花岭四处的山坡和村边。

新四军浙东纵队在浙东敌后坚持抗战四年,队伍不断发展壮大,从900多人发展到15000多人。共进行大小战斗643次,克复大小据点110多个,解放上虞、南汇两座县城,毙、伤、俘日伪军近10000人,我军牺牲1200多名指战员。浙东根据地成为全国19个抗日根据地之一。

走读宁波

余姚梁弄四明湖

第七章
拂晓问舟·民国

1945年8月15日,日本宣布投降,艰苦卓绝的抗日战争胜利了。为了和平,为了顾全大局,新四军浙东纵队停止反攻宁波,遵照中共中央和华中局指示,悄然北撤。

1945年10月1日,中共浙东区委和新四军浙东纵队,发表了《忍痛告别浙东父老兄弟姐妹书》。这个稿子是区党委宣传部部长顾德欢连夜写的,他一面哭一面写。他在告别书中深情地说道:"亲爱的浙东父老兄弟姐妹们!我们四年来同生共死的朋友们!我们要握手分别了。我们深知,我们的路途是艰辛的,我们走后你们的处境也是艰辛的,我们的双眼已经湿润了……"

"四明山有多高?八百里方圆二十里高。四明山有多少牢?铜墙铁壁千万道……藤缠树来树缠藤,血肉相连永不分……"这首传唱在当年的四明山小调,生动描述了四明人民对新四军浙东纵队的感情。

就这样,新四军指战员们依依不舍地告别了相依为命四年之久的四明山乡亲。而四明人民驾着三百多条帆船,从三北各个渡口,送15000子弟兵北渡杭州湾。

1949年5月6日,在中国人民解放军占领南京后,毛泽东致电第三野战军:"应派一个军至两个军迅速向东,占领杭州、宁波一线及该线以南之奉化、嵊县、新昌、诸暨、义乌等县,然后开展工作。在占领奉化时,要告诫部队,不要破坏蒋介石的住宅、祠堂及其他建筑物。"

第三野战军第七兵团二十二军挥师南下,挺进浙东。在解放余姚、慈溪县城后,从江北和西郊两路夹击宁波城区。一九五团许昌连歼灭国民党守军,抢占灵桥。5月25日拂晓,一九五团跨过灵桥,与一九〇团在市区会师。宁波人民倾城而出,涌向大街,欢迎解放军,庆祝解放。

1991年,浙东游击纵队司令员何克希的骨灰,投放在四明湖中。这里是何司令员的刻骨铭心之地。今天,四明湖成了网红打卡地。有谁知道,当年惨烈激战的前方村,就在它的碧波之下,这里长眠着众多无名的新四军战士的英魂。

谭启龙、何克希、连柏生、张文碧、刘亨云……一个个当年浙东抗日根据地的主要领导人,百年之后,都不约而同地选择魂归四明山。昔日叱咤风云的战友,又相聚在四明大地。

第八章

东方大港

| 改革开放前哨 |

东方大港梦成真

1979年1月10日,宁波北仑长满芦苇的海涂荒滩上,机声轰隆,一座10万吨级铁矿石中转码头开工建设。这是我国第一个现代化卸矿码头,它揭开了宁波港全新的历史篇章,成为宁波改革开放的先锋。

在热火朝天的北仑港建设的大军中,有一位特殊人物,他叫萧群。萧群是舟山定海人,抗战时期还在读中学的他参加了革命。抗战胜利后浙东新四军北撤,地下党仍坚持斗争。18岁的萧群成为江南武工队队长。"江南",是北仑的旧称。萧群带领武工队,依靠群众的支持,在北仑一带坚持地下斗争。当年形势严峻,环境险恶。萧群几乎是提着头在敌人的眼皮子底下活动,几次险些遇难。

全国解放后,萧群从部队转业到地方,曾任温州地区重工业局局长。1975年他被调到宁波港,不久成为北仑港首任党委书记。

当年北仑的武工队队长,成了北仑港建设的指挥员。这是一个多么美好的宿命!一个在这里出生入死的革命者,多少年后,又成为在这里艰苦创

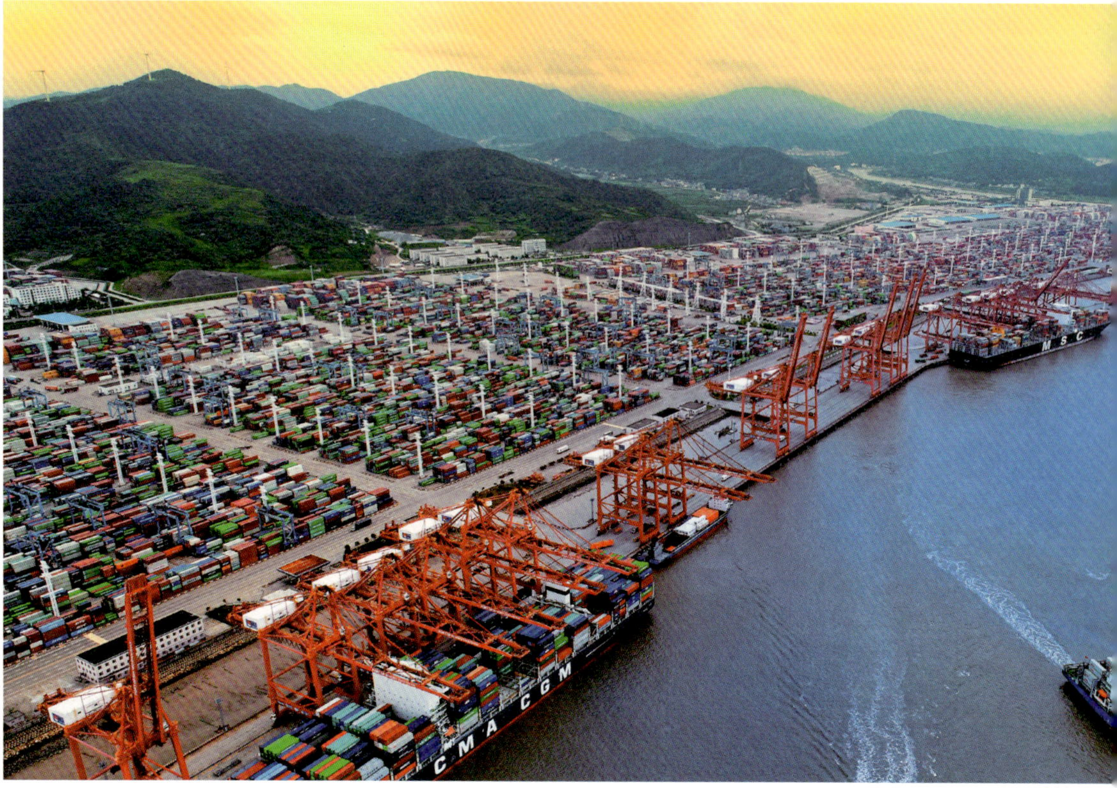
MSC
CMA CGM

EVERGREEN
CHINA SHIPPING

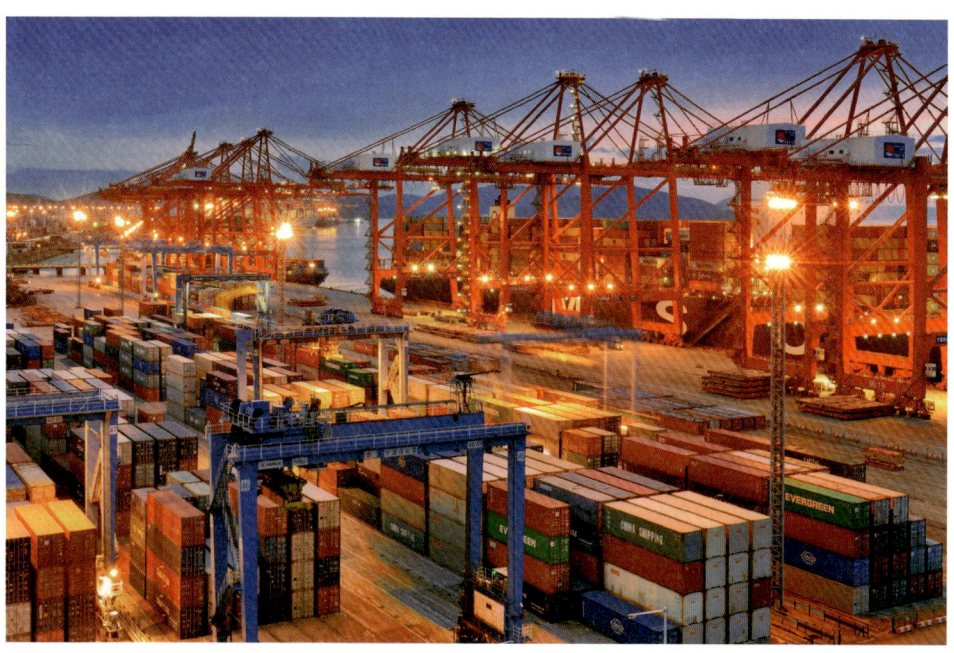

第八章

东方大港·当代

宁波舟山港
集装箱码头

业的建设者。人间正道,莫过于此。

伟大的革命者孙中山,在推翻了两千年封建帝制后,就描绘了国家建设的宏伟蓝图。在他的建国方略中,规划在中国沿海北部、中部及南部各修建一个"如纽约港"的东方大港。海岸线中部的东方大港选址在杭州湾的乍浦。在那个时代,孙中山宏大而超前的规划难以实现。但半个多世纪后,中华民族迎来了一个崭新的时期,改革开放拉开序幕,经济建设大潮蓄势待发。在杭州湾的东端,北仑港横空出世!沉寂了许久的海港古城宁波,再一次矗立起一个惊艳世界的东方大港。这足以告慰中山先生。

北仑港位于甬江入海口东侧金塘水道南岸,港域大部分水深在 50 米以上,航道最窄处亦在 700 米以上。25 万吨级重载海轮可自由进出,30 万吨级可候潮出入。水域广阔,可供锚泊作业水面有 34 平方公里,约可容万吨以上船只 300 艘同时锚泊。金塘、大榭、大黄蟒等岛屿环列东、西、南三面,构成天然屏障。可利用深水岸线 17.5 公里,可建造万吨级以上深水泊位约 50 座。港区位于南北航线与长江干线交汇处附近,距长江口仅 70 海里,紧邻上海,与天津、神户、大阪、高雄、香港、武汉等城市构成近乎等距离水运网络。北仑港已发展成由多座深水泊位组成的大型泊位群体,形成了综合性的深水大港。

2015 年 9 月,宁波市、舟山市境内的港口合并

宁波舟山港集装箱码头

重组,成立宁波舟山港。宁波舟山港共划分为19个港区,北仑港区成为9个主要港区之一。宁波舟山港成为中国对外开放一类口岸,中国沿海主要港口和中国国家综合运输体系的重要枢纽,中国国内重要的铁矿石中转基地、原油转运基地、液体化工储运基地和华东地区重要的煤炭、粮食储运基地。

至2020年1月,宁波舟山港共有生产泊位620多座,其中万吨级以上大型泊位近160座,5万吨级以上的大型、特大型深水泊位90多座。

2016年12月19日,随着停泊在北仑第二集装箱码头的"中海釜山"轮完成2500标准箱装卸作业,宁波舟山港年货物吞吐量一举突破9亿吨,成为全球首个9亿吨大港。2019年,宁波舟山港完成货物吞吐量11.19亿吨,

第八章

东方大港·当代

大港风采

连续 11 年位居全球第一,完成集装箱吞吐量超 2753 万标准箱。

宁波,有着 8000 多年前中国最早的海岸贝丘遗址。这是中国海洋文明的源头。从这里升起的,是东方海洋文明的曙光。春秋越国时通往大海的句章港,唐代四大名港之一的明州港,宋、元时鼎盛的庆元港,宁波古代海上丝绸之路,持续影响了朝鲜半岛和日本群岛文化结构和人文内涵,推动了世界文明的交融。

辉煌的海上丝绸之路,随着明清时期的海禁逐步衰落,而宁波则在清末"五口通商"中艰难走向现代化转型。无论这块土地上如何风云变幻,大海的灵魂始终镌刻在这里。终于在改革开放的大潮中,随着北仑港激动人心的打桩声,宁波迎来了港口的复兴。经过几十年发展,宁波海洋经济突

中国港口博物馆

飞猛进,外贸规模位列全国第九。一条先人们无法想象的现代海丝之路在这里铺开!

如今已年过九旬的萧群,时常牵挂着北仑这块热土。在他们这些最早的建设者的手里,北仑港从一片荒滩海涂,建成了十万吨级的深水码头;成为交通部确认的中国四大国际深水港区之一,如今更成为世界第一大港的主要港区。面对这一切,他感慨万千。这块他曾立志为之抛头颅、洒热血的土地,正成为中华民族复兴的桥头堡和主阵地,为中国经济腾飞、为世界经济发展输送着源源不断的动力。

| 家国情怀 |

我有一颗赤子心

  1984年12月20日，邓小平心情很好。昨天他刚刚参加了中英香港问题联合声明正式签字仪式，今天要在人民大会堂会见也参加了仪式的包玉刚。

  包玉刚是宁波人。1949年携家人从上海到香港。他在香港搏击商海几十年，成为世界船王。1978年，改革开放的春风在神州大地吹起，有着浓浓家国情怀的包玉刚看到了巨大的希望，马上重返大陆。他见到了阔别多年的表兄卢绪章，在表兄的牵线下，见到了邓小平。时任国家旅游局局长的卢绪章，感叹中国旅游业和教育事业的落后。包玉刚当即表示捐赠一千万美元在北京建一座旅游饭店，捐一千万美元在上海交通大学建一座图书馆。可是，包玉刚一千万美元的支票送来了，许多人对一个大资本家在北京建饭店还是心存疑虑，不敢接受。"你们不要，我要！"邓小平一锤定音，接下了包玉刚的支票。

  1984年，宁波被列为14个沿海开放城市之一。8月，邓小平在北戴河听取国务院副总理谷牧的汇报时,高兴地说:"宁波事情好办点,宁波有那么多人在外边,世界上有名的两个船王包玉刚、董浩云都是宁波人。"他又说:"要把全世界的'宁波帮'都动员起来建设宁波。"

于是,包玉刚来了,来到阔别四十年的家乡宁波。在宁波镇海庄市的老家,他受到热烈的欢迎。包玉刚率家人祭祖后,来到祖屋,与夫人黄秀英走进40多年前洞房花烛的新房。昔日的新房仍是当年的摆设,那张做工精美的七弯梁床,还在那里。这对花甲老人仿佛又回到了新婚的那一天,他们感慨万千,特意拍了一张合影。

包玉刚来到儿时就读的小学,那是宁波帮先驱上海五金大王叶澄衷创办的叶氏义庄小学,后改名叶氏中兴学堂,曾被誉为"江南第一学堂"。中兴学堂还培养出邵逸夫、包从兴、赵安中等一批享誉海内外的宁波帮精英。这座当时名噪一时的名校,如今已破落不堪。

包玉刚又参观了天一阁。工作人员拿出馆藏的一套《包氏家谱》,告诉他按家谱查出他是包拯的第29代嫡孙。包玉刚当即高兴地叫起来:"我是包青天的子孙!"

第一次回乡后不到两个月,他参加了中英香港问题联合声明正式签字仪式,又见到了邓小平。

包玉刚对邓小平说,宁波比香港大10倍,香港550万人口,有4所大学;宁波500多万人口,却没有一所综合性大学,因此他打算在宁波办一所综合性大学。邓小平听后很高兴,称赞包玉刚爱国爱乡,有见识。

同年12月29日,时任宁波市市长的耿典华和包玉刚一家及卢绪章,在北京建国饭店共进早餐。包玉刚红光满面,异常兴奋。他对耿典华说起见邓小平的事,说要捐资两千万美元建宁波大学。这时,服务员上了一道黄亮亮的油炸芝麻汤圆点心。只见包玉刚抢先举起筷子,夹了一只汤圆放在

第八章

东方大港·当代

耿典华的碗里，笑着说："市长，这只金汤圆值两千万美元啊！"在座的人都笑了起来。

1985年10月，宁波市政府举行宁波大学奠基典礼，万里代总理和包玉刚等出席典礼。应包玉刚的请求，邓小平为宁波大学题写了校名。

1986年12月2日，包玉刚在宁波参加宁波大学开学典礼后到京，出席国务院宁波经济开发协调小组第四次会议。时任中共中央总书记的胡耀邦在中南海会见包玉刚。胡耀邦问包玉刚："宁波搞上去，希望大不大？"包玉刚机敏地说："宁波要搞上去，要赋予宁波市省一级的权限。"谷牧在一旁补充道："就是在国家计划中实行单列……"胡耀邦说："可以嘛！单列没有问题。"

1987年2月24日，国务院正式批复同意宁波市实行计划单列，计划单

宁波帮博物馆

列后，宁波拥有了相当于省一级的经济管理权限，迎来了崭新的发展起点。一批对经济发展产生重大推进作用的大项目纷纷落户，宁波从此掀起新一轮的发展高潮，在国内的地位大幅度提升。

1981年到1984年的短短四年间，邓小平七次会见包玉刚。而1984年至1989年，包玉刚六次回故乡，为家乡建设发展出力。

"宁波帮帮宁波"这个号召，犹如生机勃发的祖国母亲对游子的呼唤，一直关注着祖国命运的"宁波帮"人士心潮激荡，积极投入家乡和祖国的建设。不仅包玉刚来了，曹光彪、王宽诚、安子介、邵逸夫、李达三、赵安中、应昌期、李惠利、顾国华……他们都来了。从1984年到2017年，港澳台和海

宁波大学

外"宁波帮"人士就向宁波捐赠4137笔,总捐资额超过20亿元人民币。

"宁波帮",这是一个传扬了几百年的金色名字。一代代勤劳智慧、勇于开拓的宁波人,他们闯荡海内外,创造了奇迹般的商业辉煌。今天,有70多万"宁波帮"人士分布在103个国家和地区,其中不乏工商巨子、科技精英、社团领袖等。在香港十大富豪中,宁波帮曾占有三席,在为数不多的世界船王中,宁波帮就有两位。以香港的宁波人命名的宇宙小行星有四颗之多,分别是王宽诚星、邵逸夫星、曹光彪星、李达三星。

改革开放40多年,宁波从内河小港到国际大港,从商埠小城到现代化国际港城,实现了伟大跨越与华丽蜕变。2020年宁波实现地区生产总值

包玉刚故居

12408.7 亿元，在中国城市 GDP 前 20 强排名第 12 位。这一切，离不开"宁波帮帮宁波"的光荣之举。

  1991 年 9 月 23 日，包玉刚在香港病逝。邓小平以"生前友好"的名义送去了吊唁的花圈。丧礼上，一位来自北京的男高音歌唱家唱起一首悼念包玉刚的歌曲《多情的土地》。歌中唱道："……你属于我，我属于你，生生死死不分离。我有一颗赤子心，你有一片慈母意……"深情的歌声送别着这位宁波人。他对这块土地恋恋不舍，但没有遗憾。

  如今，他投资创建的宁波大学已设有 25 个学院，有主校区、梅山、植物园、慈溪等多个校区，是国家首批"双一流"大学、世界一流学科建设高校、浙江省首批重点建设高校、浙江省重点大学，进入国家重点大学行列。他曾想投资的宁波的港口，已经成为世界第一大港。

| 诺奖得主屠呦呦 |

呦呦鹿鸣响天地

2015年10月，屠呦呦因为发现了青蒿素，获得诺贝尔生理学或医学奖，成为第一位获诺贝尔科学奖项的中国人。这个消息传遍了她的家乡宁波。许多宁波人在感到兴奋与自豪的同时，格外感到一种亲切。就是因为青蒿。

许多宁波人以为青蒿就是做青饼的艾蒿，其实错了。艾蒿也叫艾草，叶子背面长有细密的白色茸毛，所以宁波人也叫白艾。艾草清明时鲜嫩可食，到端午长老了便可悬挂门前避邪。青蒿学名萋蒿，外形和艾草极其相似。但味如普通青草，夹杂着一股淡淡的臭味，不做食物，可入药。

1930年12月30日，屠呦呦出生在宁波城。父亲屠濂规很开心，用《诗经·鹿鸣》中的"呦呦鹿鸣，食野之蒿"，给女儿取名"呦呦"。谁会想到，85年之后，这个女孩会因为这"蒿"而得到享誉世界的荣耀。

屠家在南宋从江苏无锡迁居宁波，成为宁波望族。族中有明吏部尚书、太子太傅赠太保屠滽，南京兵部侍郎屠大山。屠大山致仕回乡，与范钦、张时彻并称为"东海三司马"。其子屠本畯是著名的博物学家。屠氏最有名的，应是文学家和戏曲家屠隆。

屠呦呦的父亲屠濂规，16岁时效实中学肄业。肄业后一两年，他就结婚了，娶了宁波城中名门姚家的女儿。屠呦呦的外公姚传驹，曾任中国银行行长、民国财政司司长等职。舅舅姚庆三留学法国，初任国民经济研究所研究员，后任上海金城银行分行经理，更是国内最早研究和传播凯恩斯《通论》的学者，是著名的经济学家，曾任香港甬港联谊会会长。

屠濂规曾经在上海太平洋轮船公司工作。屠呦呦幼年时，父亲常年在上海工作，两地分居，所以屠呦呦的母亲带着屠呦呦住进了娘家，也就是今天开明街26号姚庆三故居。

屠呦呦在崇德小学读初小，又在器贞女中和甬江女中读初中，1948年进入效实中学读高中。效实中学是1912年创办的名校，出过陈布雷、童第周等许多名人。屠呦呦一家和效实中学有着不解之缘。父亲屠濂规是效实中学学生，舅舅姚庆三也是效实中学毕业的。屠呦呦和丈夫李廷钊更是效实中学的同学。

2015年屠呦呦获得诺贝尔奖后，宁波效实中学的各地校友会共同倡议，自筹资金，为屠呦呦塑立铜像。屠呦呦塑像由著名雕塑家、南京油画雕塑院院长王洪志制作，放置在效实中学校园内。

屠呦呦在效实读了两年，1950年转到宁波中学读高三。毕业后考入北京医学院（今北京大学医学部）药学系学习。毕业后被分配到中医研究院中药研究所工作。1969年，中医研究院中药研究所参加全国"523抗疟研究项目"，这个项目当时属于保密的重点军工项目。屠呦呦被指定为负责人并组建项目科研组，承担抗疟药物的研发。

为了科研事业，屠呦呦连孩子也顾不上照顾。小女儿李军出生后，屠呦呦就把她送回宁波老家。李军在宁波长到3岁多，屠呦呦才有机会抽出

第八章

东方大港·当代

屠呦呦旧居

一点时间去看女儿。那天,在外公外婆家门前的小巷口,李军远远就瞧见一个人,拎着行李快步走来,张开着双手,嘴里不停地叫着自己:"小军,小军……"李军却下意识地往后退了好几步。李军至今仍纳闷,母亲那时如何能认出自己。

没能照顾好家庭和孩子的屠呦呦,却给世界奉上了一份大礼。

2015年12月7日下午,2015年诺贝尔生理学或医学奖得主屠呦呦,在瑞典卡罗林斯卡医学院进行主题演讲,题为《青蒿素——中医药给世界的一份礼物》。在演讲中屠呦呦说:"当年我面临研究困境时,又重新温习中医古籍,进一步思考东晋葛洪《肘后备急方》有关'青蒿一握,以水二升渍,绞取汁,尽服之'的截疟记载。这使我联想到提取过程可能需要避免高温,由此改用低沸点溶剂的提取方法。"

屠呦呦重新设计了提取方法,改用低温提取,用乙醚回流或冷浸,终于得到抗疟效果为100%的青蒿提取物,最终从中成功分离出"青蒿素"。这一用于治疗疟疾的药物,"挽救了全球特别是发展中国家的数百万人的生命"。

屠呦呦拥有克服困难的巨大勇气,靠洞察力、视野和顽强的信念发现了青蒿素。一株挺立的青蒿,顽强、执着地向高处生长;又低调、淡泊,没有耀眼的花朵、扑鼻的香气,却能挽救许多生命。屠呦呦就像青蒿一样,是一个平凡又惠及人类的科学家。她赴诺贝尔奖颁奖典礼时,戴的围巾上,四角的图案就是青蒿的叶子。

青蒿入药最早见于汉代药典,历代都有青蒿治病的记载,然而都没有明确青蒿的植物分类品种。当年青蒿资源品种混乱,药典收载了2个品种,还有4个混淆品种也在使用,深入研究发现:仅有一种含有青蒿素,对抗疟有效。

"呦呦鹿鸣,食野之蒿",这头可爱而吉祥的鹿,到底食的是哪一种青蒿呢?

| 象山渔文化 |

石浦渔舟出海惊

1933年8月,骄阳似火,年轻的聂耳摇着舢板,在石浦港撒网捕鱼,和渔民们聊天。为拍摄电影《渔光曲》外景,编剧、导演蔡楚生率领剧组成员三十余人到象山石浦,在东门岛等地体验生活,取景拍摄。聂耳为《渔光曲》配乐。蔡楚生还让聂耳扮演一个在海上风暴中幸存的渔民。他头戴破帽,上穿一件旧袄,下着一条笼裤,腰系粗粗的网纲绳,活像个穷渔民。

《渔光曲》在上海首映,连映84天,场场爆满。后又在莫斯科国际电影节上获得"荣誉奖",开创了中国影片在国际上获奖的纪录。镜头中的织渔网、拉网捕鱼、海浪拍打礁石、渔船穿梭等场景,都取材自1933年的石浦。

2007年,在象山新石器时代的塔山遗址,出土了两只商周时期的青铜鱼钩。其形制和倒刺功能,与现代鱼钩相差无几。这两只青铜鱼钩,被学者称为"中华第一鱼钩",它们钩起的是象山的海洋文明、渔业文明。

象山石浦渔港,十八里港湾岛山环屏,五门罗列,可泊万艘渔船,可航万吨海轮。石浦是中国最早的海洋渔业发祥地之一。秦汉时即有先民在

走读宁波

石浦开渔节场面

第八章

东方大港·当代

此渔猎生息，唐宋时已成为远近闻名的渔商埠和海防要塞，是浙洋中路重镇。千百年来，数以万计的渔船在这里装卸渔货，补给物资。桅樯林立，渔火灿烂。如今，石浦是我国东南沿海著名的国家中心渔港，全国渔业第一镇，中国历史文化名镇。

石浦古城沿山而筑，依山临海，人称"城在港上，山在城中"。它一头连着渔港，一头藏在山谷，城墙随山势起伏而筑，城门就形而构，居高控港是"海防重镇"石浦古城雄姿的主要特征。老屋梯级而建，街巷拾级而上，蜿蜒曲折。碗行街、福建街、中街、后街组成了古朴的石浦老街。当年《渔光曲》剧组就下榻在福建街的"金山旅馆"。

与石浦镇隔港相望的，是被誉为"浙江渔业第一村"的东门岛。东门渔村历史悠久，有"新石浦、老东门"之说。唐神龙二年（706年），象山立县，它就是辖村之一。东门渔村山海兼备，风光旖旎，北港口为铜瓦门，南港口为东门门头，扼石浦港航路要津。

农历三月二十三日，为妈祖诞辰，也是东门渔民扬帆出海，北上岱衢洋捕洋山黄鱼的启程日。出海前，举办祭海神妈祖庙会以保

石浦千舟竞发赴渔场

平安丰收,成为渔村一年中的盛事。

庙会自十五日开始,备三牲福礼,荐享天后,虔诚祈祷。上供时间必选涨潮时分,以期财源随潮滚滚而来。午后开始演戏,日夜连台,演五天至十天不等,号"出洋戏"。其间,村民招亲致友,宾朋盈门,天后宫常常拥挤得水泄不通。

洋山黄鱼汛于农历六月二十日结束,东门渔船从岱山返航归里。天后宫再度热闹欢腾,演戏庆丰收、庆平安归来,称"谢洋戏"或"还愿戏"。由高产渔船出资包演,盛时连演七天七夜。渔民把丰收平安,归功于天后妈祖庇佑。

"娘娘菩萨"是东门岛上的百姓对妈祖的尊称。象山原有丹城、石浦、爵溪、南田、东门五座妈祖庙,至今保存完好的仅东门岛上这座始建于元代的妈祖庙。妈祖庙立于山顶,正门面朝宽阔的大海。高大巍峨的妈祖映照

第八章

东方大港·当代

在蓝天下,俯瞰着山下港湾众多停泊的渔船,欣慰这祥和的盛世。

石浦的渔山岛,人们供奉的是他们自己的保护神——如意娘娘。他们认为如意娘娘是妈祖的妹妹。1955年,渔山岛487名渔民随驻岛国民党军队退居台湾。抵台后,被安置在富冈新村。该村村民多数是渔山岛村民及后裔,被称为"小石浦"。因思念家乡,他们为如意娘娘新建了海神庙,祈祷渔家讨海平安。

每逢农历七月十五日前,村民在海岸边或港边举行放水灯仪式,祭祀祖先,表达对海上遇难人的一种怀念,也表达对大海的崇敬。一次放水灯,少则几百盏,多则上千盏。水灯载着做灯人和渔家的希望与祝愿,顺着潮流,漂向远方。

石浦渔民还有"三月三,踏沙滩""祭海"等习俗。"祭海"是渔民出海捕鱼时,为求平安、丰收的一种仪式。国家实行"休渔期","休渔期"结束称为"开渔"。当地政府决定在东海休渔结束的那一天举行盛大的开渔仪式,欢送渔民开船出海捕鱼。

1998年,石浦首办中国开渔节,开创了中国独一无二的海洋庆典活动。

2015年,第十八届开渔节中,台湾富冈新村村民五十余人护送"如意娘娘"回到原籍石浦镇"省亲"。海峡两岸的"石浦人",击鼓鸣钟,供奉福礼,一齐向妈祖娘娘和如意娘娘鞠躬致礼,祈福求佑。在民俗文化巡展上,富冈新村带来的是"官将首"表演。舞者佩戴青红蓝三色脸谱,手持虎牌、三叉戟、手铐等古代刑具,蕴含着台湾渔家押煞保驾的祭祀寓意,祈愿即将出海的渔民平安吉祥,满载而归。

开渔节将原来民间的"祭海"活动上升为一个海洋文化的盛大典礼,集文化、旅游、经贸活动于一体,赋予其丰富的文化内涵和鲜明的渔乡特色。开渔节上,传统的祭海仪式表达了渔民出海平安的祝愿;"蓝色保护志愿

石浦渔港古城

者"放海行动体现了人们保护海洋生态环境的意识;而锣鼓齐鸣、千帆竞发的开船盛况更吸引了来自全国的数十万游客。一年一度的开渔节如今已成为象山一张亮丽的名片,成为中国著名节庆之一。

| 山川毓秀 |

爱看秋花艳满山

1613年5月19日清晨，一位书生模样的年轻人骑马出宁海城西门，马首西向巍巍天台山。他，就是徐霞客。这时云散日出，一片晴朗。他的心情和绿亮的山色一样，散发着喜悦。行至梁皇山，他仿佛听见一声虎啸，便停下住宿。

这一天就是《徐霞客游记》的开篇。他的旅行当然不是从这一天开始的，但他的游记，却从这一天开始。

明王朝极端专制，阴鸷暴虐的宦官、特务政治，使朝野上下弥漫着杀气与戾气。曾出现过的人文启蒙的萌芽，再也无法在腥风血雨中成长。从方孝孺被诛十族，明代文人的灵魂中便沾满了血和泪，常爆发出躁嚣的乖戾之气。而徐霞客，在大明江山的边缘，餐霞饮露，灵魂一片澄明。他的人生，就是走遍中国最干净明亮的地方，发现那些未知的纯洁和壮美。

多少年过去了，宁海人念念不忘徐霞客的这一天，念念不忘宁海的这一天。

走读宁波

2002年5月19日,首届徐霞客开游节在宁海举行,古城宁海诞生一场中国旅游盛事。这是宁海第一个大型节庆活动,观众云集,达20多万人。"天下旅游,宁海开游",成为开游节响亮的口号。

宁海开游节吸引了中国的目光。2011年,国家旅游局正式宣布5月19日为中国旅游日。这一天,"中国旅游日主题活动启动仪式·第九届中国徐霞客开游节"在宁海举行。当年一个酷爱旅游的书生写下游记的日子,终于成了一个国家的节日。

宁波之地,自古兼山海形胜。境中山脉有二:四明山与天台山,而二山之脉相连,古代常常混为一谈。东汉时刘晨、阮肇入天台山采药的传说,在宁波的许多志书中,说是入四明山。

宁海徐霞客大道

第八章

东方大港·当代

宁海许家山村

宁波境内大部分为四明山脉，因此古称四明，而宁海则为天台山脉。发源于天台山摘星峰和华顶峰的白溪，穿越宁海，是天台山东流入海的主水脉。它开辟了一道巨石累累的浙东大峡谷。

宁海山上的许多村落，名字中有一个少见的"䂮"字。"䂮"是古字音，意为"山崖做成的房子"。这里最负盛名的是"石头"。在遍铺溪石的前童古镇，方孝孺曾讲学四载。到了海边，兀现一座"海湾洞天"——伍山石窟。伍山石窟有800多个形态各异的洞窟，削壁穿岩，雄伟惊险，堪称石的杰作。

宁海的许家山村，全村房屋、道路都由石头砌成，是宁波现有建筑规模最大、保存最完整的石头古村；而龙宫村则有18道清泉汇成3条溪流流入村庄，悬崖峭壁之下潭深水碧的石窦潭，犹如水晶宫。两座中国历史文化名村，完美地讲述着宁海的石与水。

宁波至今有10个中国历史文化名镇名村。除了宁海的前童镇、许家山村、龙宫村，还有江北区的慈城镇、象山县的石浦镇、慈溪市的观海卫镇（鸣鹤）、海曙区的李家坑村、鄞州区的走马塘村、慈溪市的方家河头村、余姚市的柿林村。除了宁海，其他名镇名村都处于四明山脉。

四明山脉横跨宁波余姚、鄞州、海曙、奉化、慈溪。腹地为四明山国家森林公园，园区内古木参天，千峰竞翠，湖泊连绵，奇岩众多，风采独特。

道教有三十六洞天、七十二福地，皆仙人居处游憩之地。四明山的丹山赤水,被尊为第九洞天。宽数里、高百余米的悬崖峭壁,岩壁亦呈红色,称丹崖。传说古代仙人在这里杀羊,把岩石和溪水都染红了,所以又叫杀羊岩。在崖壁上刻有宋徽宗御笔"丹山赤水"四个大字。

崖壁下有一条大溪,因溪水流经红土层,又在红色山岩映照下,略呈红色,所以叫赤水溪。溪上有座建于清咸丰九年(1859年)的单孔石拱桥,石雕护栏正中刻"赤水桥"。过桥便是柿林村。

柿林村依山而筑,房屋高低错落,古道陡立。周围古木参天,翠竹满坡。村中有一古井,井水清澈纯净,冬暖夏凉,是全村人的饮用水源。故有"一村一姓一家人,一口古井饮一村"之说。村里村外,房前屋后,到处都是柿子树。柿树有的参天合抱,树龄达三百年以上。每当晚秋时节,柿子挂满枝头,村人纷纷攀树采摘。

海曙区章水镇李家坑村,北接奉化与余姚,东通宁波市区,大山环抱,群峰争护。村内有大量明清古建筑,一条宽阔的樟溪穿村而过。李家坑紧邻周公宅景区的陶坑大峡谷,开发了"四明山大峡谷(李家坑)漂流",被誉为"浙东第一漂"。

宁波的中国历史文化名镇名村,以人文景观取胜的,要数江北区慈城镇和鄞州区走马塘村。

唐开元二十六年(738年),建慈溪县。因东汉邑人董黯孝母故事而得县名。1200多年来慈城一直是慈溪县治,直至1954年慈溪县治迁到浒山后,才改称慈城镇。

慈城是我国江南地区保存最为完整的古代县城,享有"江南第一古县城"的美誉。慈城仍完好地保留着县治背山面水、公共建筑左文右武及街巷双棋盘布局,充分体现了古代县治的传统风水布局和天人合一的文化思想。慈城历史文化底蕴深厚,文物古迹灿若云锦。古县城内,大片明清古

第八章
东方大港·当代

中国进士第一村走马塘

建筑保存完好。著名的古建筑有孔庙、甲第世家、福字门头、冯岳彩绘台门、布政房、姚状元宅、符卿第、牌坊、向宅、冯宅、俞宅等。重建的古县衙内存有一段唐代的砖砌甬道,是盛唐时期县衙门大堂的遗迹。2006年,慈城古建筑群被列入全国重点文物保护单位。

走马塘村地处鄞南平原,依傍奉化江支流东江。历朝历代,这里出过76位进士,被誉为"中国进士第一村"。北宋初期,常州进士陈矜任明州知府,死后葬于茅山,其子为父守陵,带家眷定居茅山旁的走马塘,至今已传38代。

唐代,状元施肩吾寻仙访道,在一个深夜与几个同道隐士登上四明山。他在诗中写道:"半夜寻幽上四明,手攀松桂触云行。相呼已到无人境,何处玉箫吹一声。"在全域旅游盛行的今天,谁还能有这样的一脉诗意?

| 杭州湾蝶变 |

心知海若舞冯夷

陈凯歌导演的电影《搜索》，在宁波取景。影片中出现了琴桥、天一广场、宁波博物馆、月湖共青路等场景。高圆圆饰演的叶蓝秋与赵又廷饰演的杨守诚来到杭州湾国家湿地公园，身患绝症的叶蓝秋要在这里最后看一次日出。她穿行在秋天萧瑟的芦苇丛间，芦花似雪。在长长的木栈桥上，她与杨守诚争吵，终于说出真相，一个吻别天荒地老，杭州湾湿地公园成了见证这一场凄美爱情的圣地。

杭州湾千年潮汐涨落，唐涂宋田，冲积出三北这块土地。当年庵东所在的杭州湾南端，只有滩涂、棉花田和盐场，只有一些贫穷的村落。有着移民历史的三北人民，纯朴、勇敢、富有冒险精神。当年新四军南渡杭州湾，浙东抗日根据地从这里拉开序幕。如今，这条红色通道上，架起了世界最长的跨海大桥之一的杭州湾跨海大桥。一座现代化新城仿佛一夜之间在这里拔地而起，它便是国家级经济技术开发区——宁波杭州湾新区。

杭州湾跨海大桥于2008年5月1日建成通车，全长36公里，是宁波市

第八章

东方大港·当代

杭州湾湿地公园

连接嘉兴市的跨海大桥,使宁波通往上海的距离大大缩短。宁波大学教授、宁波诗社社长李亮伟欣然写下《杭州湾大桥赋》,赞曰:"一朝玉虹飞跨,百代天堑通途"。这座世纪飞虹,使当年抗日的海上门户,成为我国沿海经济大动脉的重要节点,成为中国经济最具活力的长三角地区的重要大动脉。

大桥中端建有一座海中平台——"海天一洲"。海天一洲外形酷似"大鹏擎珠",寓意杭州湾地区的发展能如大鹏展翅,越飞越高。旅客可在观光塔俯视大桥的气势恢宏和杭州湾的波澜壮阔,"目睹洪涛卷雪浪,心知海若舞冯夷"。2009年6月18日,中国邮政局发行《杭州湾跨海大桥》特种邮票,共1套2枚,所印的图案分别为大桥雄姿和海中平台。

宁波杭州湾新区是因桥而谋、与桥同兴的发展大平台。2001年11月,

走读宁波

第八章

东方大港·当代

杭州湾跨海大桥

随着杭州湾跨海大桥立项开工，慈溪经济开发区由慈溪市城区迁入杭州湾新区，正式启动区域开发建设。

宁波杭州湾新区如今已发展成为国家级产城融合示范区、国家级出口加工区、沪甬合作示范区、浙沪合作示范区、环杭州湾大湾区高水平示范区，是"一带一路"、长江经济带、长江三角洲区域一体化三大国家战略叠加的交汇点。拥有汽车及其关键零部件产业、通用航空产业、智能电视和智能终端产业、高性能新材料产业、生命健康产业、高端装备制造业六大先进制造业，以及旅游休闲业、体育产业、专业服务业、新型金融业四大现代服务业。随着德国大众、吉利汽车、德国博世、美国伟世通、中信集团、联合利华等企业项目入驻，这里落户的世界500强企业已经达到13家。

杭州湾国家湿地公园，位于杭州湾跨海大桥西侧，属于典型的海岸湿地生态系统，是东南亚最大的咸水海滩湿地之一，中国八大盐碱湿地之一。湿地类型丰富，包括沿海滩涂、离岸沙洲和塘内围垦湿地，其中沿海庵东滩涂被列为国家重要湿地名录。它是澳大利亚至西伯利亚候鸟迁徙线上重要的"中转站"，每年有上百种、几十万只候鸟在迁徙途中经过此地，成为世界级观鸟胜地。

2019年7月，宁波前湾新区成立，宁波杭州湾新区全域划入。前湾新区包括宁波杭州湾新区，余姚市的中意宁波生态园，慈溪市的高新区、环湾创新经济区。前湾新区，是21世纪宁波最大的 IP。宁波的转型发展自此由"甬江时代"全面跨入"湾区时代"。

前湾新区地处沪、杭、甬三大城市的几何中心，是上海"南下临海"、杭州"东进向湾"、宁波"北上拥湾"三大区域战略的融合交汇之地，是浙江省大湾区大花园大通道建设的重点区域，是《浙江省大湾区建设行动计划》布局的"四大新区"之一，成为浙江和宁波新一轮对外开放的重要引擎。

前湾新区将高效发挥宁波杭州湾经济技术开发区等国家级平台的带动作用，坚持生态优先、创新引领、产城融合、集约高效发展，着力打造世界级先进制造业基地、长三角一体化发展标志性战略大平台、沪浙高水平合作引领区、杭州湾产城融合发展未来之城。如今，前湾新区已聚集一大批龙头企业，引进 23 家世界 500 强企业的投资项目 45 个，大批高端人才涌入，吸引了上海、杭州、温州等地大量投资者的目光。

宁波正以前湾新区、梅山新区为南北两轮，进一步驱动"一带一路"港航物流中心等一批开放区、示范区的建设。宁波，这一"丝绸之路经济带"和"21 世纪海上丝绸之路"国家战略的重要节点城市，站在了一个新的起飞高地。

陈凯歌说："宁波是个有文化底蕴的城市，人文荟萃，而它作为港口城市，不仅和整个世界关联，而且在高速发展，所以选在宁波拍摄最适合。"改革开放以来，宁波不断书写着一部部经济建设的传奇大片，她需要一场情深意长的爱情。

| 名城名都 |

三江相汇五洲通

1958年，一大批风华正茂的年轻人，从宁波的四面八方、各行各业汇聚到梅山岛。他们呼喊"青年用武在梅山岛"的口号，筚路蓝缕，艰苦创业，在荒岛滩涂上流汗流血，建起了一座梅山盐场。梅山盐场，成为宁波一个难忘的共和国记忆。

进入21世纪，新一轮的对外开放持续深入，中国要布局新的对外开放战略重点。宁波梅山又一次站在时代前列。

2007年，梅山岛开发建设宣告正式启动。短短10年后，梅山开发建设面积从7平方公里拓展到333平方公里，集国家级保税港区、省级国际物流产业集聚区和宁波国际海洋生态科技城于一体。一座国际化滨海新城奇迹般崛起。

2017年，梅山又被推到了中国新一轮开放的最前沿，被赋予新的战略定位，成为宁波"一带一路"建设综合试验区的核心载体。梅山将围绕国际港航物流、国际贸易、国际产能合作、新金融服务、人文科教交流等"五大战略枢纽"建设，重点打造国际供应链创新试验区、中国新金融创新试验区、

走读宁波

"一带一路"人文交流试验区、海洋经济与科技合作试验区、国际近零碳排放试验区。梅山成为省市乃至全国对外开放、先行先试、功能创新的重点区域。

从梅山盐场到梅山新区,创业的梦想已不可同日而语。梅山盐场早已成为宁波的一个工业遗产;而梅山新区,正在成为宁波未来之城的热土。

诸如梅山新区,宁波的热土无处不在,网红点、聚焦点无处不在。

宁波城市具有独特的自然空间。东是大海,余姚江、奉化江、甬江穿城

宁波东部新城

第八章

东方大港·当代

交汇，形成了"三江六塘河，一湖居其中"的江城风貌。三江六岸是宁波城市得天独厚的资源，是宁波城市生态的核心空间，是展现宁波城市特色、城市品质和历史文化的重要平台，承载着宁波经济社会和自然风貌的历史变迁，镌刻着这座城市挥之不去的乡愁与记忆。

世纪之交，宁波开始建设未来的政治、经济、文化和商业中心——东部新城。如今，一座"中国的高度、世界的标准、未来的眼光"的城市新中心已经拔地而起。东部新城15.85平方公里的总体规划中，水系、绿地以及开

放空间建设面积占53%，开发建设用地占47%，这样的占比在国内城市中心区建设中是少见的。如今，在东部新城，融合在都市肌理中的绿色生态廊道，营造了滨水空间、绿色水岸，凸显现代化新城的江南水乡特色。"十三五"期间，东部新城完成总投资814.79亿元，年度总投已经连续12年超百亿元。

宁波市"三江六岸"滨江休闲带工程，经过多年建设，功能布局不断完善，景观品质不断提升。三江六岸已经成为中心城区一道亮丽的风景，成为宁波这座名城的绿色名片。

2015年，宁波提出着力构建"一核两翼、两带三湾"多节点、网络化的大都市新格局。那就是：凸显宁波中心城区的核心职能，强化南北两翼的支撑作用，引导东部滨海城镇产业带和西部山区生态人居带的健康发展，打造杭州湾、象山港、三门湾的空间特色，推进卫星城和中心镇加快成为城乡一体化的联系纽带。

大江流日夜，慷慨歌未央。2020年，宁波GDP达12408.7亿元，稳列全国各城市第12位，计划单列市第二。宁波激发后万亿时代城市跃升的万丈雄心，谋划紧抓国家战略机遇、撬动后万亿时代高质量发展的城市支点。

"十四五"千帆竞发，城市升级超车的战略机遇大幕拉开。宁波铆足干劲，以大视野、大格局、高起

第八章
东方大港·当代

点谋划，努力打造"七座城"——高水平创新型城市、制造业高质量发展先行城市、国内国际双循环枢纽城市、全国文明城市典范城市、全域美丽宜居品质城市、市域治理现代化示范城市、民生幸福标杆城市。宁波正在创建国家"一带一路"建设综合试验区，积极申报自贸区和自由贸易港。新目标，新征程，宁波将朝着全面建设高水平国际港口名城、高品质东方文明之都的目标奋进，加快打造现代化滨海大都市，争创社会主义现代化先行市，建成具有较强国际竞争力的"名城名都"。

宁波城市展览馆

千年敦煌,满是飞天壁画。天女肩臂上披着长长的彩绸带,绸带飘动飞卷,神采遄逸,表现出一种欢乐的动感和生命的活力。谁会想到,这飞天彩绸带,会以一种奇异的形式,飘落宁波。东部新城宁波城市展览馆的建筑造型,远观就如同空中飞扬的绸带,寓意宁波是海上丝绸之路起碇港之一。建筑外墙则采用了青绿色的釉面陶板,意在延续和发扬宁波越窑青瓷文化。飞天袖上的花朵落到人间,泱泱东方大港梦想无限!

本书图片由龚国荣、沈国峰、陈顺意、易国庆、孙继宁、朱晓峰等人提供,不一一注明,在此表示感谢。
　　其中部分图片因资料所限,未能与相关作者取得联系,敬请相关作者与编辑部联系,以便支付稿酬,并在重印时署名。

图书在版编目（CIP）数据

走读宁波 / 宁波市文化旅游研究院编；孙武军，赵淑萍著 . -- 宁波：宁波出版社，2021.10（2023.3 重印）
ISBN 978-7-5526-4382-4

Ⅰ.①走… Ⅱ.①宁… ②孙… ③赵… Ⅲ.①文化史 — 宁波市 Ⅳ.① K295.53

中国版本图书馆 CIP 数据核字（2021）第 189236 号

ZOUDU NINGBO

走 读 宁 波

宁波市文化旅游研究院·编
孙武军　赵淑萍·著

责任编辑	苗梁婕
责任校对	朱璐艳
装帧设计	金字斋
出版发行	宁波出版社

（宁波市甬江大道 1 号宁波书城 8 号楼 6 楼　邮编　315040）

网　　址	http://www.nbcbs.com
印　　刷	宁波白云印刷有限公司
开　　本	787mm×1092mm　1/16
印　　张	16.5
字　　数	210 千
版　　次	2021 年 10 月第 1 版
印　　次	2023 年 3 月第 3 次印刷
标准书号	ISBN 978-7-5526-4382-4
定　　价	68.00 元

（如发现缺页或倒装，影响阅读，请与出版社联系调换　电话：0574-87341015）